Harmonica Masterpiece Series vol.04

Movie OST Repertoire

하모니카 명곡집 ④

영화음악 편

그래서, 음악

　어떤 위대한 사람이 말하기를 "음악을 이해하고 알려고 노력하지 않는 사람은 모반과 모략 그리고 약탈을 일삼을 수 있는 인간이다."라고 말했습니다.

　음악을 생활화할 수 있고 음악으로 기쁨을 얻는 삶을 살 수 있기를 바라면서 이 책을 낼 수 있도록 항상 배려를 해 준 제 남편과 음악 작업을 도와준 나의 큰아들, 그리고 새 노트북을 사 준 제 막내아들에게 감사를 드립니다.

　또 그래서음악 출판사 사장님께서 쾌히 승낙해 주심에 감사드립니다.

　이 책이 하모니카를 사랑하는 모든 사람들에게 유익한 책이 되었으면 하는 바람입니다.

정옥선

저자 약력

경희대학교 교육대학원 수료

코리아 하모니카 앙상블 코드 주자

KBS 아침마당 출연

SBS 스타킹 출연

북경 아시아태평양 국제 하모니카 페스티벌 심사위원

제주 국제 하모니카 페스티벌 심사위원

효 신문사 주최 실버 하모니카 대회 심사위원

일본, 중국, 대만, 싱가포르, 말레이시아, 홍콩 등 아시아 국가와 미국,

유럽 국가 중 독일, 프랑스, 이탈리아, 스위스, 오스트리아 외 인도, 네팔 등

세계 여러 나라 순회 연주

현) 한국하모니카연맹 강북 지부장

저서

〈하모니카 명곡집 시리즈, ① 클래식 편 ② 가요편 ③ 팝송편 ④ 영화음악편 ⑤ 가곡편 ⑥ 동요편 ⑦ 민요편 ⑧ 종합편 , 그래서음악〉, 〈301 하모니카 명곡집, 스코어〉

* 이 책은 트레몰로 하모니카의 특성에 맞추어 코드는 C Key로, 악보는 원곡의 조성을 살려 각각
분리 표기되었음을 알려드립니다.

하모니카 건강 증진 세계 선언문

하모니카는 남녀노소, 모든 사람들의 건강 증진에 매우 유익하다는 사실이 전 세계에 알려진지가 꽤나 오래되었습니다. 하모니카는 호흡 건강은 물론 육체적, 감성적, 정신적, 사회·문화적 및 영적 건강에도 도움이 되는 악기입니다. 세계 많은 하모니카 애호가들의 오랜 개인적 체험과 경험이 지지하듯이 하모니카는 건강 증진과 질병 예방, 질병 치료에도 효과가 있다고 믿고 실제로 도처에서 하모니카의 과학적 연구가 진행되고 있습니다.

최근 미국에서는 호흡기 환자에게 쓰는 통상적 치료방법의 보조기구로 하모니카 치료법을 사용하는 병원들이 점차 늘고 있습니다. 하모니카는 단순히 부는 악기가 아니라 숨을 들이쉬어 소리 나게 하는 특별한 악기로서 미국 도처에 있는 심폐 기능 회복촉진센터에서 사용하는 일반적 호흡촉진 의료기구와 유사한 효과가 있다고 믿습니다.

또한, 미국 미조리주 세인트루이스에서 개최된 미국음악치료연맹(AMTA) 2008년 년차 총회에서도 하모니카가 건강 증진과 치료 효과가 있다는 '하모니카 음악치료법'이 보고되었습니다. 하모니카는 만성호흡증, 수면 무호흡증, 불안신경증, 우울증, 스트레스 및 심장 또는 폐 기능에 문제가 있는 사람들에게 도움이 되며, 우리 몸의 면역 체계를 강화시켜 삶의 질적 향상과 생동력과 생산성 고조에도 도움이 된다고 합니다.

하모니카는 작고 간단하여 휴대하기 간편한 악기입니다. 보기에는 비록 작지만 소리가 아름다운 음악을 연주할 수 있는 음악성이 높은 악기로 우리의 건강 증진과 함께 삶의 재미와 기쁨을 더해 줍니다. 따라서 연령과 남녀노소와 건강 상태를 초월해서 세계 모든 만민들의 인기와 사랑을 받는 악기입니다.

따라서, "하모니카는 우리의 건강과 희망과 행복과 세계 평화가 함께 어우러지게 하는 악기로 칭송받고 있습니다." 이 선언문은 미국 하모니카 연맹(SPAH) 건강증진위원회, Harmonics and Health Committee(HHC)의 위원장이 초안하고 세계 하모니카 연주자들이 서명하였고 저명한 훈련 지도자 및 유수한 의료인들이 지지하고 서명한 것으로, 2009년 8월 11일부터 15일까지 북가주 새크라멘토 시에서 개최된 연맹 창립 46주년 기념총회에서 발표되었습니다.

이상의 하모니카 건강 증진 세계 선언문을 이 책의 서문으로 사용하고자 합니다. 많은 사람들의 하모니카 사랑을 기대해 봅니다.

하모니카 이야기

하모니카는 기원전 3,000년경에 만들어진 것으로 전해지고 있습니다. 중국에서 리드 (Reed)를 가진 쉥(Sheng)이라는 악기가 만들어졌으며, 이 악기의 원리에 의해 16 세기 초에는 지금의 하모니카와 비슷한 악기가 만들어진 것으로 되어 있습니다. 18세기 초에 와서 개량되어져 1821년에 '크리스천 부슈만(Christian Bushman)'이라는 16세 소년이 지금의 하모니카와 비슷한 악기를 만들었는데 이 악기는 '아우라(Aura)'라고 불렸고 메탈 리드(Metal Reed)를 사용했고 크기는 10cm 정도였으며 15음계로 멜로디를 연주할 수 있었다고 합니다.

1827년경 현재 호너(HONNER)사가 있는 독일의 작은 도시 트로싱겐에서 지금 하모니카와 비슷한 '마우스-하프(Mouse-Harp)'라는 악기가 만들어졌고, 1857년 호너사의 창시자인 '마티아스 호너(Mattias Honna)'가 하모니카를 생산하기 시작해 1986년에는 10억 개째 하모니카가 출시되었고 지금은 여러 나라에서 하모니카가 생산 판매되고 있습니다.

우리나라에는 1920년경부터 소개되고 '평양 YMCA 하모니카 밴드', '쎈니 하모니카 5중주단', '고려 하모니카 합주단' 등이 활동하였고 한국전쟁 이후 우용순, 최영진, 이덕남, 이혜봉, 선생님 등의 공헌으로 발전하였습니다. 지금은 하모니카 단체도 많고 강사진도 많아서 하모니카 동호인들도 활동이 많고 저변확대 및 발전에 노력을 많이 하고 있습니다.

국제 행사로는 '아시아 태평양 페스티벌'이 격년으로 열리고 있고 '세계 하모니카 페스티벌'은 매년 열리고 있습니다. 우리나라는 2000년에 제3회 아시아 태평양 대회를 개최한 바가 있고 매 대회 때마다 우수한 성적을 내고 있습니다.

하모니카의 종류

- **트레몰로(복음) 하모니카**

  하모니카는 위아래 두 개의 구멍으로 한 음을 소리 내는 특징이 있으며 소리의 떨림 효과를 낼 수 있는 악기입니다. 주로 중국, 일본, 한국 등 아시아에서 많이 사용하는 하모니카입니다.

- **미니 하모니카**

  하모니카 중 가장 작은 것으로 되어있고 4구멍으로 되어있으며 1구멍에 2개의 음을 내기 때문에 8음, 즉 1옥타브 연주를 할 수 있습니다. 목걸이와 같은 장식용으로 쓰이기도 합니다.

- **다이아토닉(Diatonic) 하모니카**

  10구멍으로 되어있으며 주로 통기타 가수나 보컬을 하는 사람들이 많이 사용하며 서양에서는 블루스, 컨트리, 록 같은 현대 음악이나 재즈 음악을 연주하는 악기로 사용되고 있습니다. 장음계, 단음계의 각 조성별로 24종류의 악기가 있습니다.

- **크로매틱(Chromatic) 하모니카**

  다른 하모니카와는 달리 ♯(샤프)나 ♭(플랫)을 자유롭게 연주할 수 있도록 옆에 버튼이 붙어 있습니다. 12구멍과 16구멍짜리가 있으며 주로 독주나 클래식 연주에 주로 사용됩니다. 유럽 쪽에서 선호하는 악기입니다.

- **코드(Chord) 하모니카**

  중주나 합주 등을 연주할 때 멜로디를 도와 화음만을 연주하는 하모니카로 베이스가 붙어 있는 하모니카와 화음만 낼 수 있는 **두** 종류가 있습니다. 드럼 역할도 하며 메이저, 마이너, 세븐스, 디미니쉬, 어그먼트 등 43종의 화음을 낼 수 있습니다.

- **옥타브(Octave) 하모니카**

  복음 하모니카의 종류로 복음 하모니카는 윗구멍과 아래 구멍이 같은 음으로 되어 있지만 옥타브 하모니카는 윗구멍과 아래 구멍이 한 옥타브 차이로 되어 있습니다.

- **베이스(Bass) 하모니카**

저음을 내기 때문에 합주를 할 때 사용되며 브라스밴드의 수자폰이나 오케스트라의 콘트라베이스와 같은 역할을 합니다. 마시는 음이 없이 부는 음으로 구성되어 있습니다.

• 파이프 하모니카

오케스트라의 호른과 같은 소리를 낸다고 해서 호른 하모니카라고도 합니다. 소프라노, 알토, 두 종류로 구분되어 지고 타원형의 파이프로 감싸여 있어 소리가 양옆으로 나오며 아름답고 부드러운 소리가 납니다.

• 글리산도(Glissando) 하모니카

음의 배열이 복음이 아닌 단음, 반음으로 되어 있기 때문에 합주할 때 꾸밈 역할을 해서 묘미를 줍니다.

• 회전식 하모니카

복음 하모니카 6개 장조(A, B, C, D, F, G)를 하나로 묶어 놓은 것으로 곡의 필요에 따라 악기를 선택해서 연주할 수 있게 되며 보기 드문 악기이므로 연주 때 시선이 집중됩니다.

이 밖에도 150여 종류로 다양한 모양의 악기가 있습니다. 앞으로 쓰임새나 소리, 모양 등이 더욱 발전할 것입니다.

하모니카 연주 자세와 호흡법

1. 하모니카 양 끝부분에 엄지 첫마디를 악기와 대각선이 되도록 가볍게 올려놓습니다.

2. 검지의 한마디 반 정도를 위쪽 커버에 얹은 후 중지 두 번째 마디까지를 하모니카 뒤쪽에 받쳐주면 됩니다.

3. 악기는 저음이 왼쪽, 고음이 오른쪽이 되도록 합니다.

4. 악기의 위치는 수평보다 약 10도 아래로 향하게 하여 연주합니다.

5. 허리는 구부리지 않고 똑바로 폅니다.

6. 얼굴은 항상 정면을 향하고 하모니카를 밀거나 당겨서 소리를 냅니다. 입술이 악기를 따라가면 안됩니다.

7. 어깨는 위로 올라가지 않게 합니다.

8. 양쪽 팔꿈치는 옆구리에 닿지 않도록 달걀 하나 정도 차이로 벌려 줍니다.

9. 호흡은 복식호흡을 하여 아랫배의 힘을 유지하도록 합니다.

하모니카 부는 방법

• 텅잉(Tonguing)

짧은 박자의 동일한 음을 연속적으로 연주할 때에 횡격막과 목구멍을 통한 바람의 세기와 길이를 제어
하는 방식으로는 빠른 연주(속주)에 대처하기가 어렵습니다. 이런 경우 혀를 사용하는 Articulation의 한
방법인 텅잉에 의해 음을 내는 강도와 길이를 조절할 수 있습니다. 혀를 입천장에 붙였다 떼었다 하는 방
식으로 '토-토'나 '타-타' 같은 소리를 내는 느낌으로 바람의 흐름을 끊거나 열어주면 됩니다. 약간 부드
러운 표현은 '다-다' 또는 '도-도'와 같은 발음을 하는 느낌으로 하면 됩니다.

  * 싱글 텅잉(Single Tonguing) – 타, 타, 타, 타

  * 더블 텅잉(Double Tonguing) – 타다, 타다

  * 트리플 텅잉(Triple Tonguing) – 타다다

  * 혀가 입천장에 닿지 않고 하는 방법 – 가, 가, 하, 하

  * 텅잉에 의해 혀를 사용하는 방법 즉 혀가 입천장에 닿는 느낌으로 하는 방법 – 토-토-토, 도-도-도

  * 아주 빠른 곡은 혀를 굴리는 느낌으로 – 다라라, 다라라

• 퍼커(Pucker) 주법

입술 모양을 '오' 또는 '우' 모양으로 만들어 휘파람을 불 때처럼 입을 오므려서 세 칸 정도 물고 불면
양쪽은 마시는 음이기 때문에 부는 음 '도' 소리가 납니다.

  * 주의: 얼굴은 움직이지 말고 하모니카를 움직여서 소리를 내야 합니다.

• 텅 블럭(Tongue Block) 주법

혀와 입술을 모두 사용하며 입술의 폭을 넓게 하여 하모니카의 여러 구멍을 문 다음 혀를 사용하여 필
요하지 않은 구멍을 막아서 필요한 음만을 내는 경우를 말합니다.

텅 블럭 주법을 완전히 익혀야 베이스 주법이나 화음 주법, 분산화음 주법을 할 수가 있습니다.

  * 텅 블럭으로 연주하면서 혀를 박자에 맞게 떼었다 붙이면 3홀 베이스, 5홀 베이스, 옥타브 베이스, 분산화음 베이스
    가 됩니다.

  * 혀로 어느 구멍을 얼마만큼 어떻게 막느냐와 어떻게 얼마만큼 열고 부느냐에 따라서 3홀, 5홀, 7홀, 9홀, 분산화음이
    됩니다.

접속 주제곡

Christian Petzold 원곡

A Lover's Concerto

로미오와 줄리엣 주제곡

L. Kusik E. Snyder & N.Rota 작사 / 작곡

A Time For Us

러브레터 주제곡

Yuhki Kuramoto 작곡

A Winter Story

슬픈 천사 주제곡

M.Vacguez 작곡

Adagio Cardinal (애수의 아다지오)

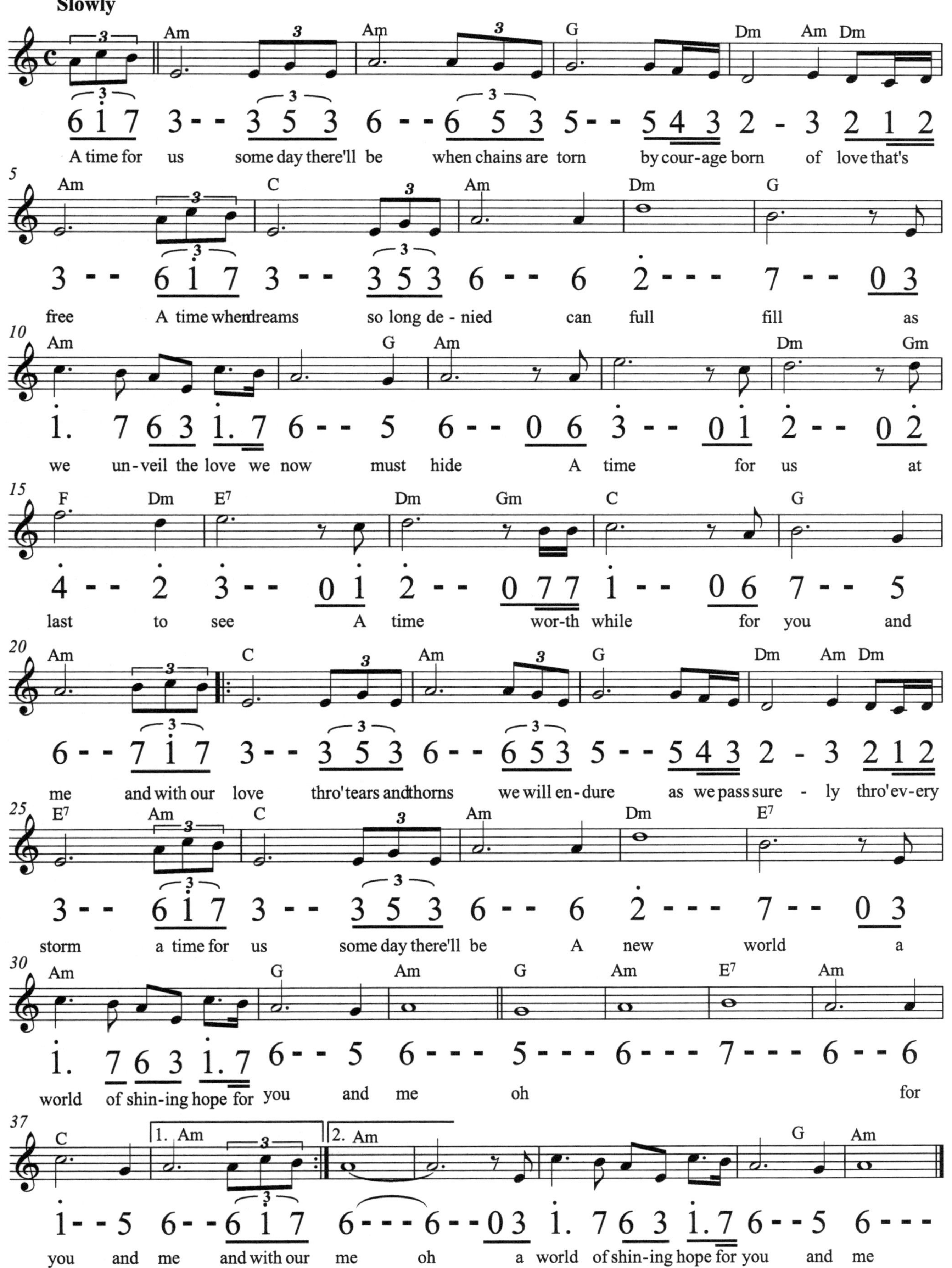

17

동감 주제곡

J. S. Bach 작곡

Air Sul G (G선상의 아리아)

006 이보다 더 좋을순 없다 주제곡

Always Look On The Bright Side Of Life

Moderato

천일의앤 주제곡

Ann of the 1000 Days (천일의 앤)

Anonymous 작곡

애절하게

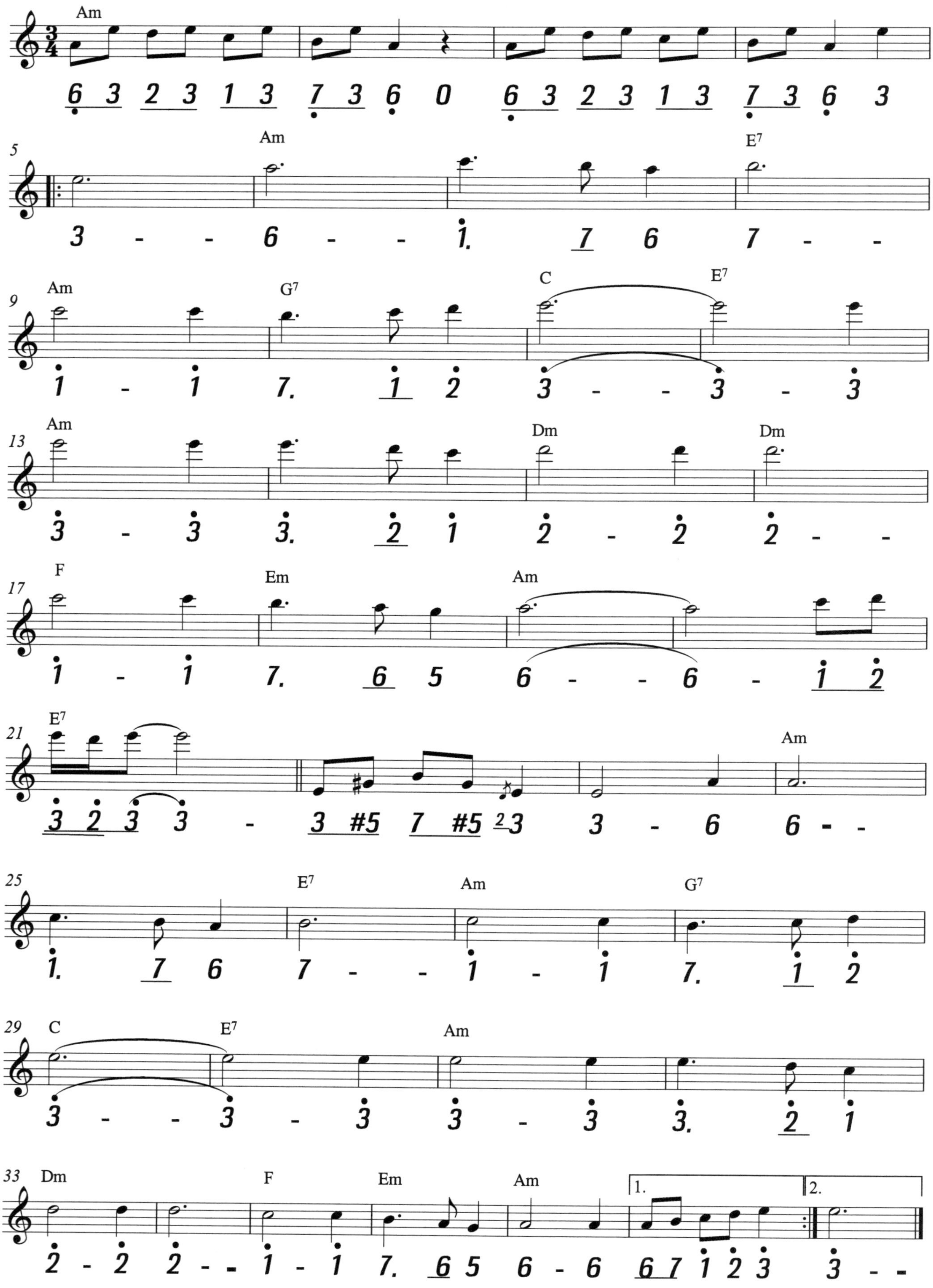

008

애수 주제곡

L. J. Scott 작곡

Annie Laurie (에니로리)

Andante

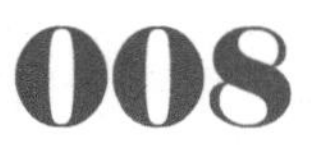

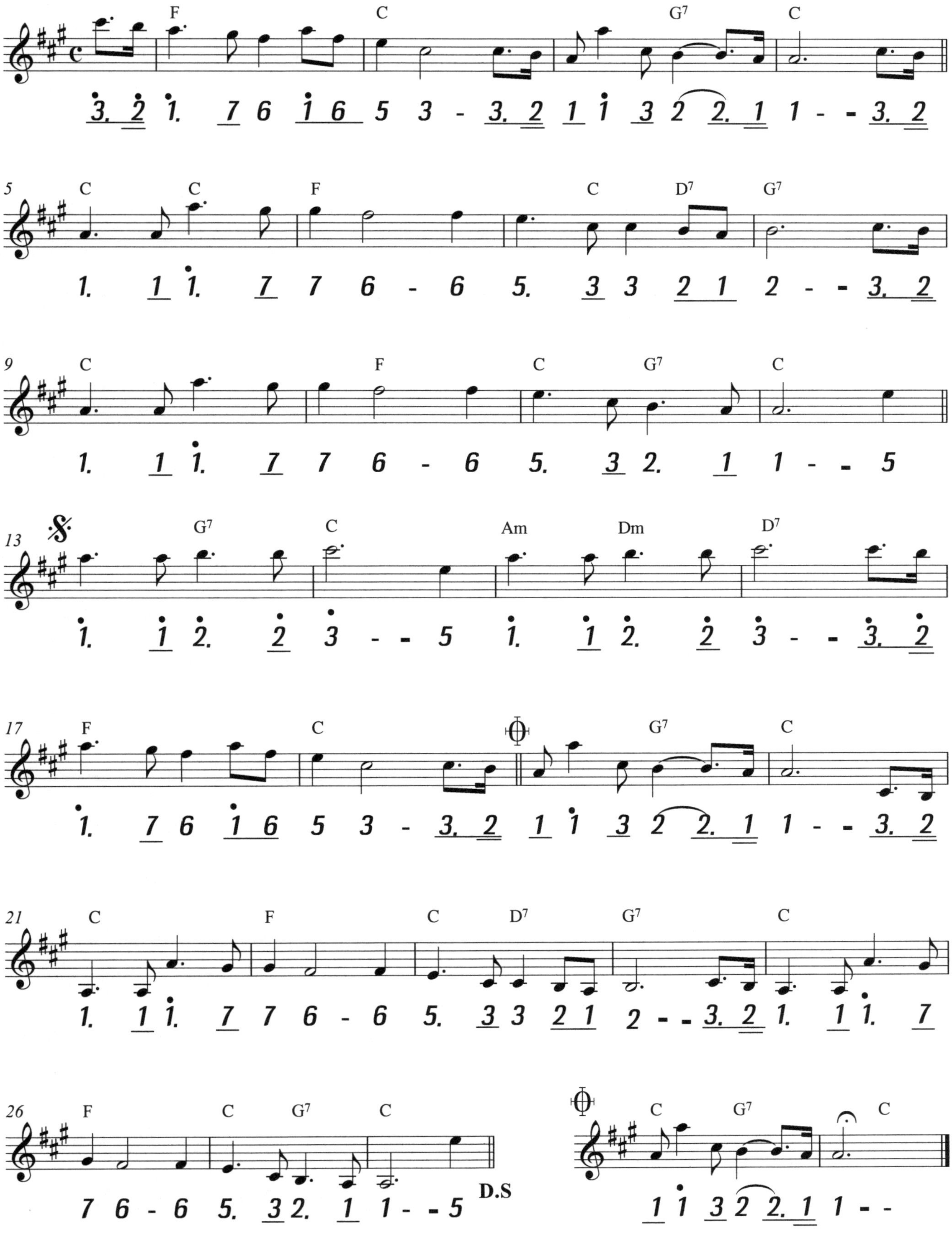

80 일간의 세계여행 주제곡

V. Young 작곡

Around The World

Dm   G7   C
29
6 - 4 7 - 5 1 - - 1 0 0
33
1 - 5 7 - 5 6 - 3 3. 5 6 5
37
C#dim   Dm   G7
6. 5 6 5 6. 5 6 5 6 - 7 7 - 5
41
Dm   G7   Dm   G7
1 - 6 7 - 5 6 - 7 7. 5 6 5
45
G7   C
6. 5 6 5 6. 5 6 5 6 - 3 3 - 0   D.S
49
C   Dm   D#dim   C
1 0 6 2 - 1 7. 6 #5 6 1 - 3
53
A7   Dm   G7   C
5. #4 5 #5 6 - 4 7 - 5 1 - - 1 - -

아나스타샤 주제곡

At The Beginning

Lynn Ahrens & Stephen Flaherty 작곡

Ballade

밤의 문 주제곡

Joseph Kosma 작곡

Autumn Leaves(고엽)

012 벤 주제곡

Ben

Moderately

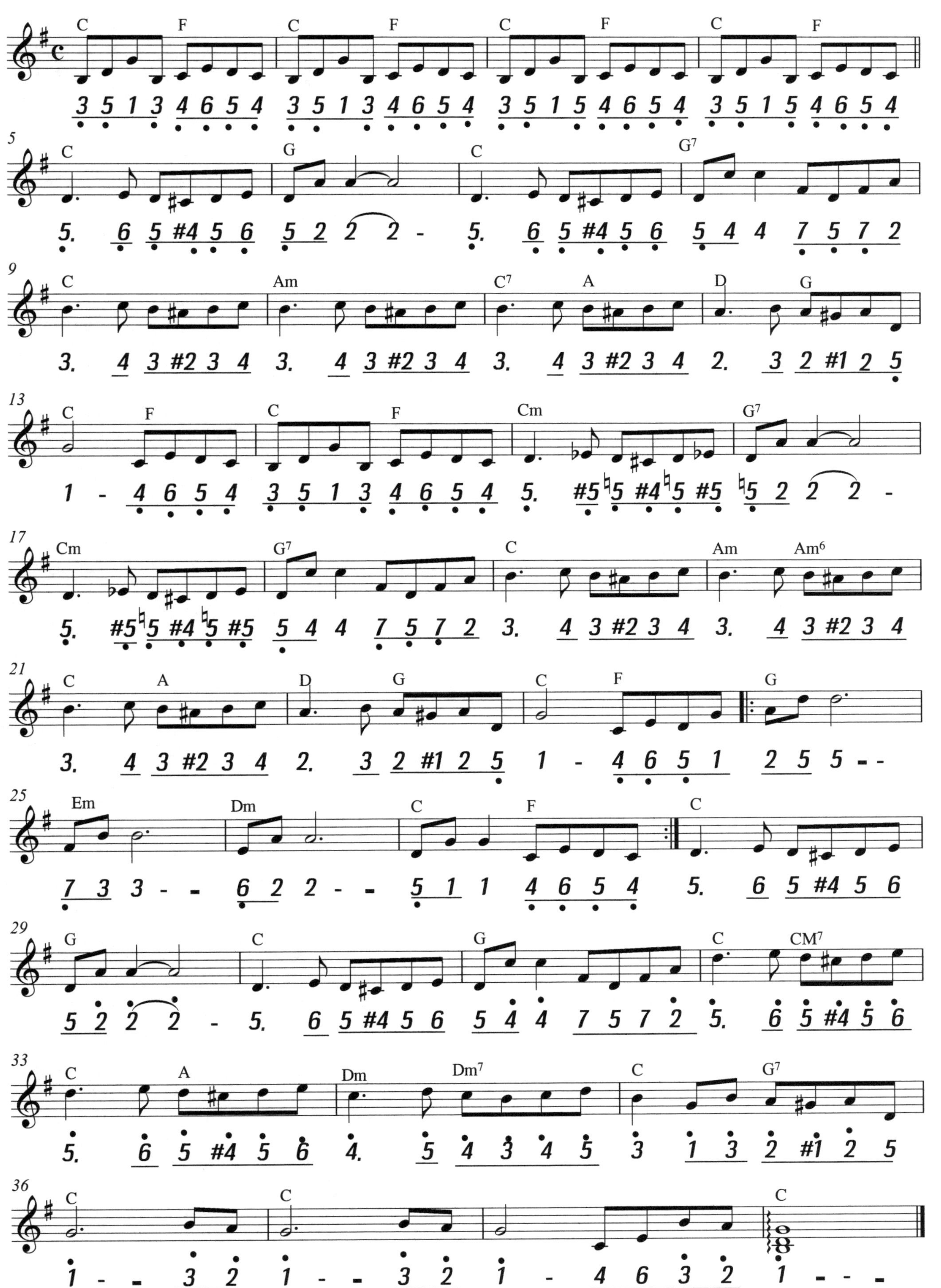

런어웨이 브라이드 주제곡

Blue Eyes Blue

James Newton Howard 작곡

야성의 엘자 주제곡

Born Free

Don Black & John Barry 작사 / 작곡

Maestoso

인생은 아름다워 주제곡

Nicola Piovani 작곡

Buon Giorno Principessa

Moderato

바그다드 카페 주제곡

Calling You

Bob Telson 작곡

Slowly

컨스피러시 주제곡

Morten Harket 작곡

Can't Take My Eyes Off You

이태리식 이혼 광상곡 주제곡

C. Rustichelli 작곡

Canto D'Amore(이혼 광상곡)

Waltz

디어헌터 주제곡

Cavatina

S. Myers 작곡

Andante ♩ – 80

행복은 어디에 주제곡(기타곡)

Romuald 작곡

Chanson Pour L'etrangere(행복은 어디에)

유리방 주제곡

Amendola 작곡

Che Vuole Questa Musica Stasera(유리방)

Slow Rock

메리 포핀스 주제곡

R. Sherman 작곡

Chim Chim Cheree(침침체리)

Skating Waltz

D.S

시네마천국 메인주제곡

Cinema Paradiso

Moderato

Clementine(클레멘타인)

Percy Montross 작곡

Waltz　3 번이나 4 번 반복하기

태양의 파편 주제곡

Michael Holm 작곡

Desert Island(태양의 파편)

Rock & Blues

싱잉 런 주제곡

Dominique(도미니크)

Noel Regney, Soeur Sourire 작곡

Allegretto

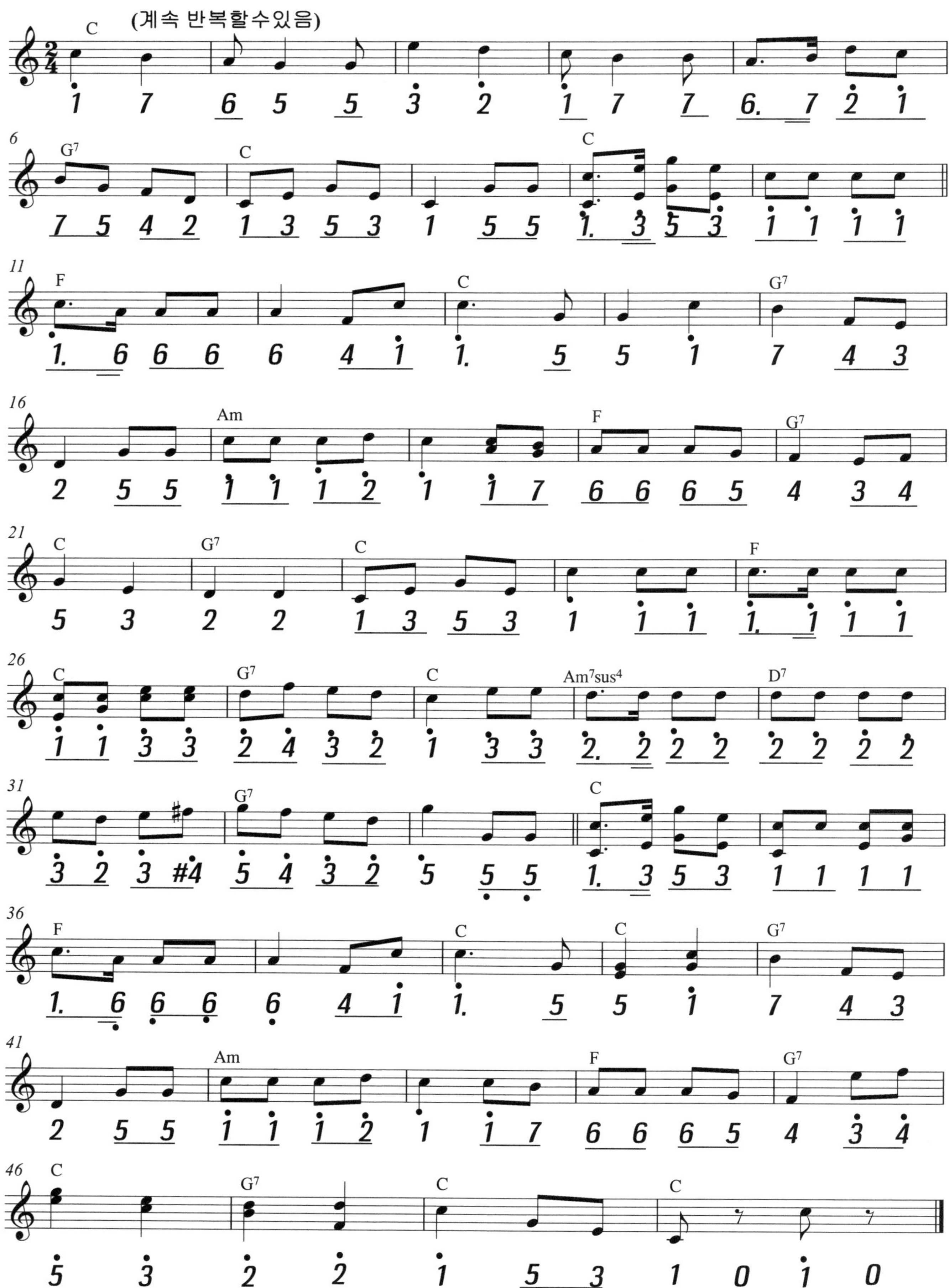

해가 서쪽에서 뜬다면 주제곡

Mike Leander, Eddie Seago 작곡

Early In The Morning

차분하게

028 에덴의 동쪽 주제곡
East Of Eden

Waltz

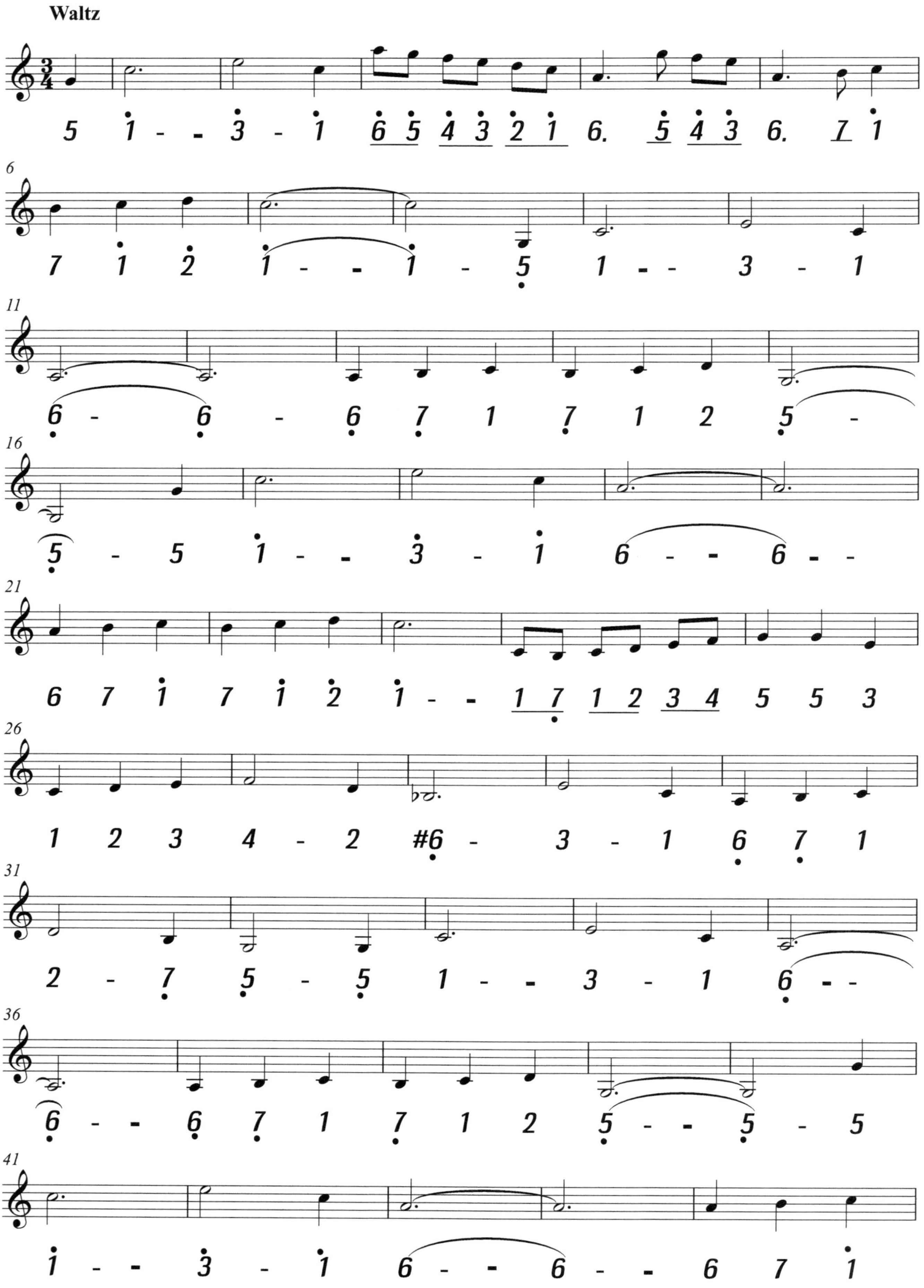

46
7 i 2 i - - 3 5 6 7 i i - - 3 - -
51
6 - - 5 4 3 2 1 7 6 7 i 7 i 2 5 - 4 3
56
2 1 7 6 5 i - i 3 - i 6. 3 4 5 7. 1 2 3
61
6 7 i 7 i 2 i 1 2 3 4 5 6 7 i 2 5 - 3
66
1 2 3 4 - 2 #6 - - 3 - 1 6 7 1
71
2 - 7 5 - 5 1 - - 3 - 1 6 - - 6 - -
77
6 7 1 7 1 2 5 - - 5 - 5 1 - -
82
3 - 1 6 5 4 3 2 1 6. 5 4 3 6 7 1 7 1 2
87
1 - - 1 - - 6 - 5 4 1 2 3 - - 3 - 0

사운드 오브 뮤직 주제곡

Richard Rodgers 작곡 / Oscar Hammerstein II 작사

Edelweiss(에델바이스)

Waltz

Franz Grothe 작곡

Eine Frau Furs Ganze Leben(삼색의 여심)

올리브 목걸이 주제곡

Claude Morgan

El Bimbo(엘빔보)

Moderato

El Choclo

Kiss Of Fire

Angel G. Villodo 작곡

부드럽게

엠마누엘 부인 주제곡

P. Bachelet 작곡

Emmanuelle(엠마누엘)

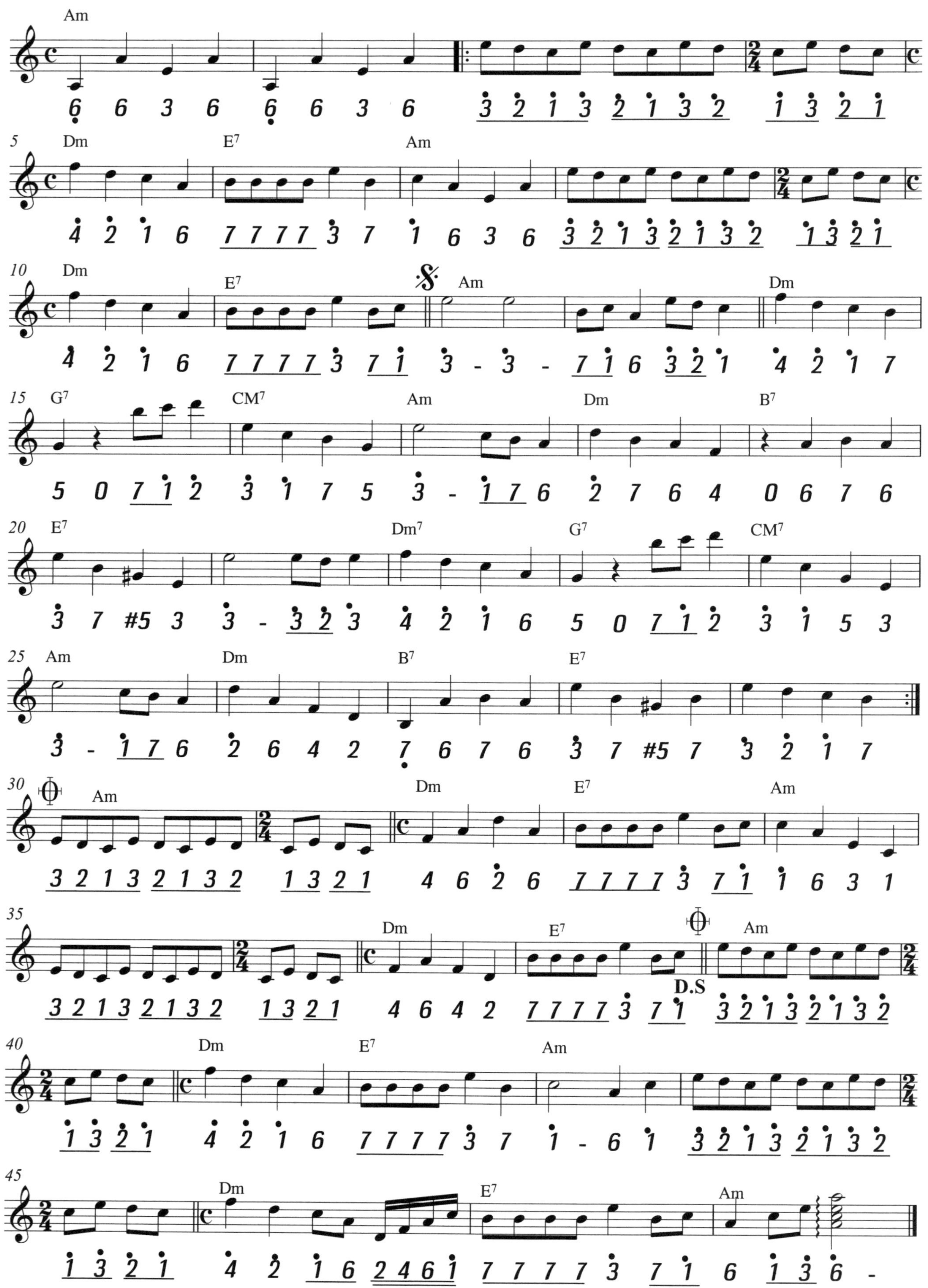

54

끝없는 사랑 주제곡

L. Richie 작곡

Endless Love(끝없는 사랑)

Moderato

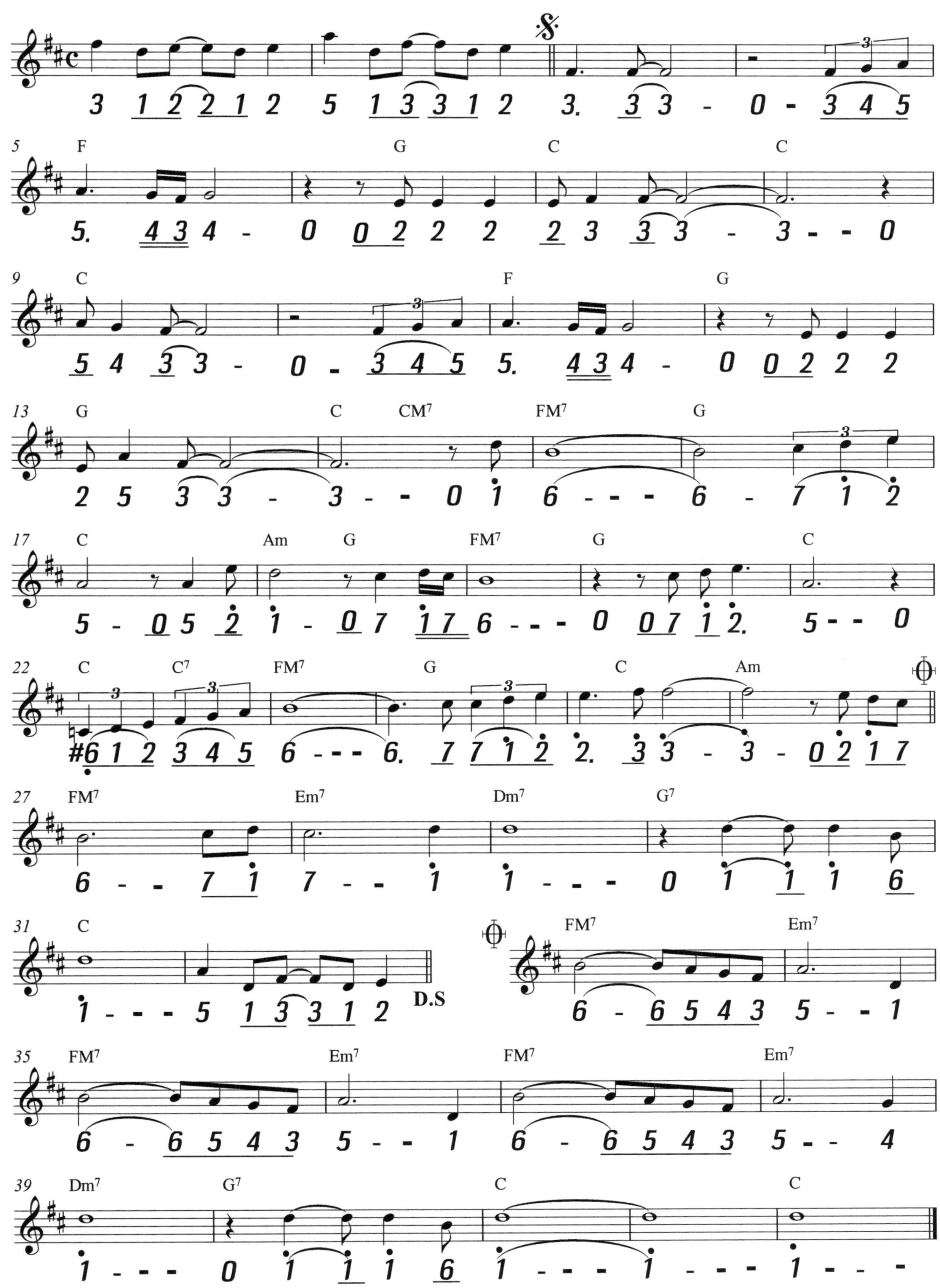

035

하늘과 땅 사이에 주제곡

C. Kinoshita 작곡

Entre Terre Et Ciel(하늘과 땅 사이에)

Andantino

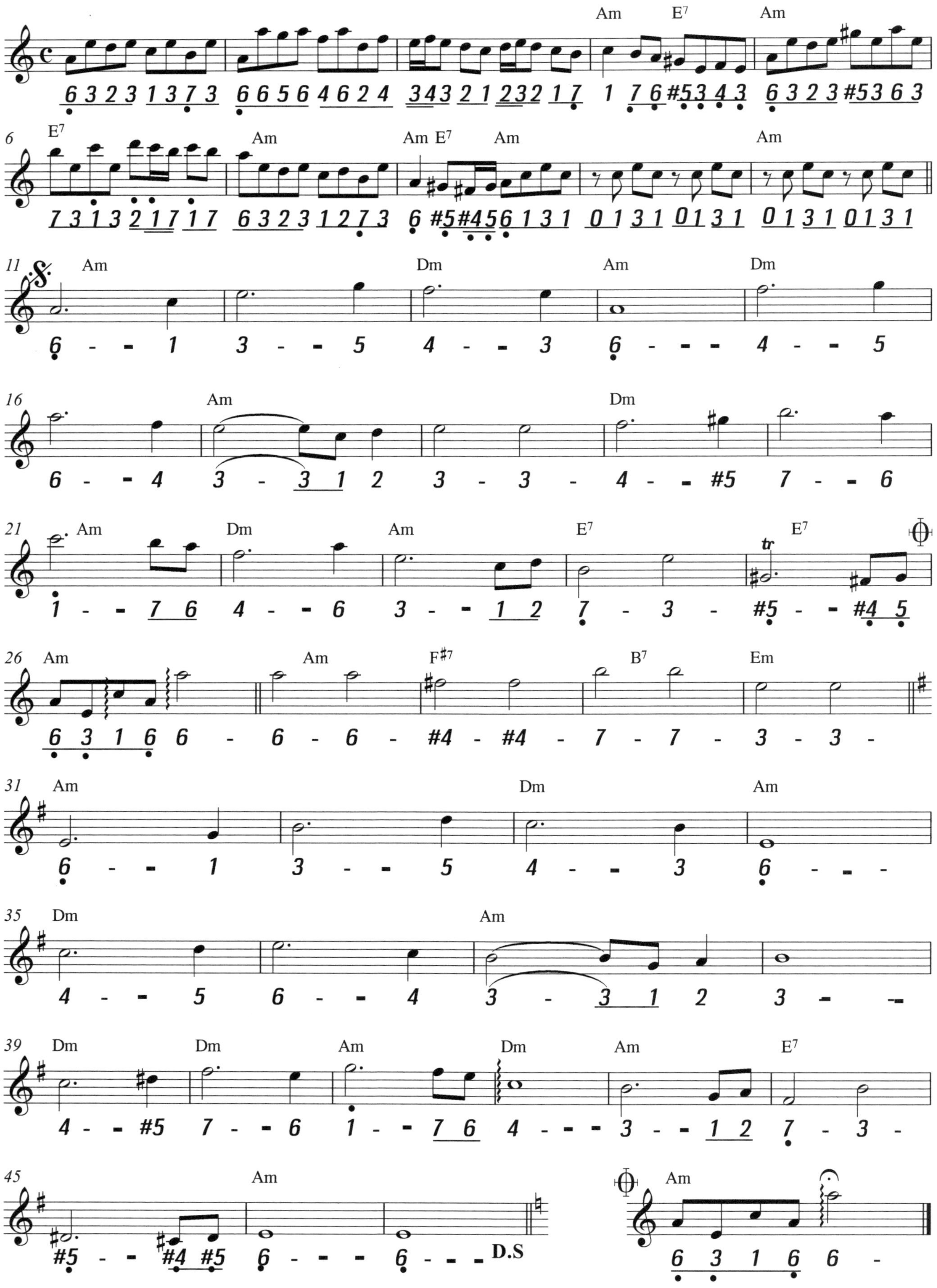

춤추러 갈 때는 어여쁜 아가씨와 주제곡

G.Garvarentz 작곡

Et Pourtant(추억의 눈동자)

스타탄생 주제곡

Barbra Streisand 작곡

Evergreen(에버그린)

사랑보다 아름다운 유혹 주제곡

Every You Every Me

에드 세무어 작곡

Moderato

Am
D.S
6 - 6 5 6
F
C
4 - 1 7 1 1 1 1 2 3 3 0 1 7 1
Em   Am   F   G   Am
7 - - 6 - 6 5 6 6 5. i 7 6 6 3 3 2 3
F   Am   F   G   Am
3 5. 3 2 1 1 0 6 5 6 6 5. i 7 6 6 3 3 2 3
F   G   F   Am
3 5 3 2 2 1 0 6 5 6 6 5 5 i 7 6 3 3 2 3
F   F   C
3 5 3 2 1 1 0 1 7 1 1 7 1 2 3 3 0 3 3 3
Em   F   C   Em
3 3 3 3 4 4 0 1 7 1 1 0 1 2 3 3 0 3 3 3 3 - - -
F   C   Em   Am
3 times rept
4 0 1 7 1 1 7 1 2 3 3 0 3 3 3 3 - - - 6 - 0 -

Ferrovierre(철도원)

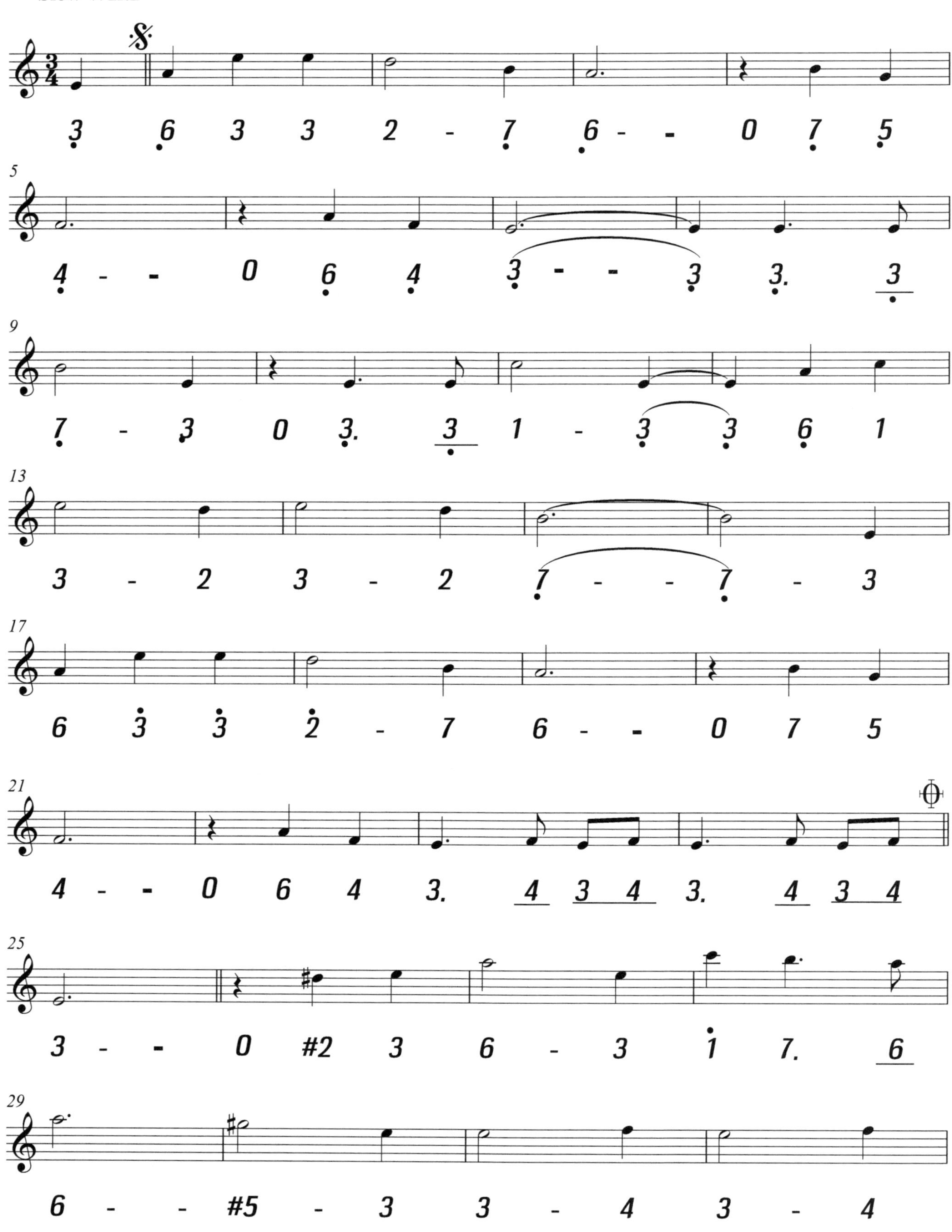

33
3 - - 3 #2 3 7 - 3 2̇ 1̇. 7
37
7 - - 6 - 6 7 - 3 2̇ 1̇. 7
41
7 - - 6 - 6 #6 - ♮6 #6 - ♮6
45
#6 - - ♮6 - 7 1̇ - 7 1̇ - 7
49
1̇ - - 7 - 3 3. 4 3 4 3 - -
D.S
53
6̣ 3 3 2 - 7 6̣ 6 6 5 - 3
57
4 2 7 1 3 7 6̣ 3 4 3 4 6̣ 3 4 3 4 6̣ 3 3 3 - -
1 1 1 6 - -

040 플래쉬 댄스 주제곡

What A Feeling

Lionel Bart 작곡

From Russia With Love

Moderato

042

불멸의 연인 주제곡

Fur Elise(엘리제를 위하여)

Poco Moto

043 길 주제곡

Gelsomina(젤소미나)

Valse Andante

서부 개척사 주제곡

H.Sunitch 작사 / 작곡

Green Sleeves(그린슬리브스)

약속 주제곡

Good Bye

Linda Thompson 작사 / David Foster 작곡

Slow Go Go

Gunfight At The O.K. Corral(O.K. 목장의 결투)

Dimitri Tiomkin 작곡

해피투게더 주제곡

Garry Bonner, Alan Gordon 작곡

Happy Together(해피투게더)

리듬을 타면서

사형대 주제곡

E. Morricone 작곡

Here's To Yoy(승리의 찬가)

Moderato (도돌이는 세번씩 연주 할것)

백주의 결투 주제곡

High Noon(하이눈)

Ned Washington 작사 / Dimitri Tiomkin 작곡

Moderato

41
1 1 3 1 1 1 1 1 1 1 1 6 1 5 - 3 1 5 - - -
fair haired beauty look at that big hand move along nearing high noon he
46
6 6 6 6 6 6 6 1 6 5 5 5 5 5 5 5 1 5 #5 #5 5 5 5
made a vow whilst in state prison vow'd it would be my life or his and
51
#5 #5 1 #5 5 - 4 3 2 - 1 6 2 - - - 5 - - -
not afraid of death but oh what will I do if you leave me
56
0 5 1 2 3 1 4 3 2 1 - - 1 - - - 0 7 1 2
DO not for sake - me oh my dar ling you ma - de
61
3 1 5 1 6 - - - 6 - - - 0 6 6 7 1 7 7 6
that pro - misse - as a bride do not for sake me oh my
66
5 1 - - 1 - - - 0 1 1 2 3 5 - - 0 1 1 2
dar - ling - - - - - al - thought you're grie - ving Don't think
71
3 5 - - 0 1 1 3 5 - 3 - 1 - 2 - 1 - - -
of leaving now that I need you by my side
76
1 - - 1 6 1 - - 1 - - 1 6 1 5. 5 - 5 - - 1 6
wait along wait along wait
81
1 - - - 1 - - 1 1 5 - - - 5 - - - 5 - - - 5 - - -
along wait along

사랑의 찬가 주제곡

Edith Piaf 작사 / M. Angele Monnot 작곡

Hymne a L'amour(사랑의 찬가)

051 It Is The End

죽거나 혹은 나쁘거나 주제곡

Ettore Kim Dong-kyu 작곡

Moderato

Isadora(이사도라)

81

O 양의 이야기 주제곡

P. Bachelet 작곡

Je Ne Suis Que De L'Amour

고원의 결투 주제곡

Johnny Guitar(쟈니기타)

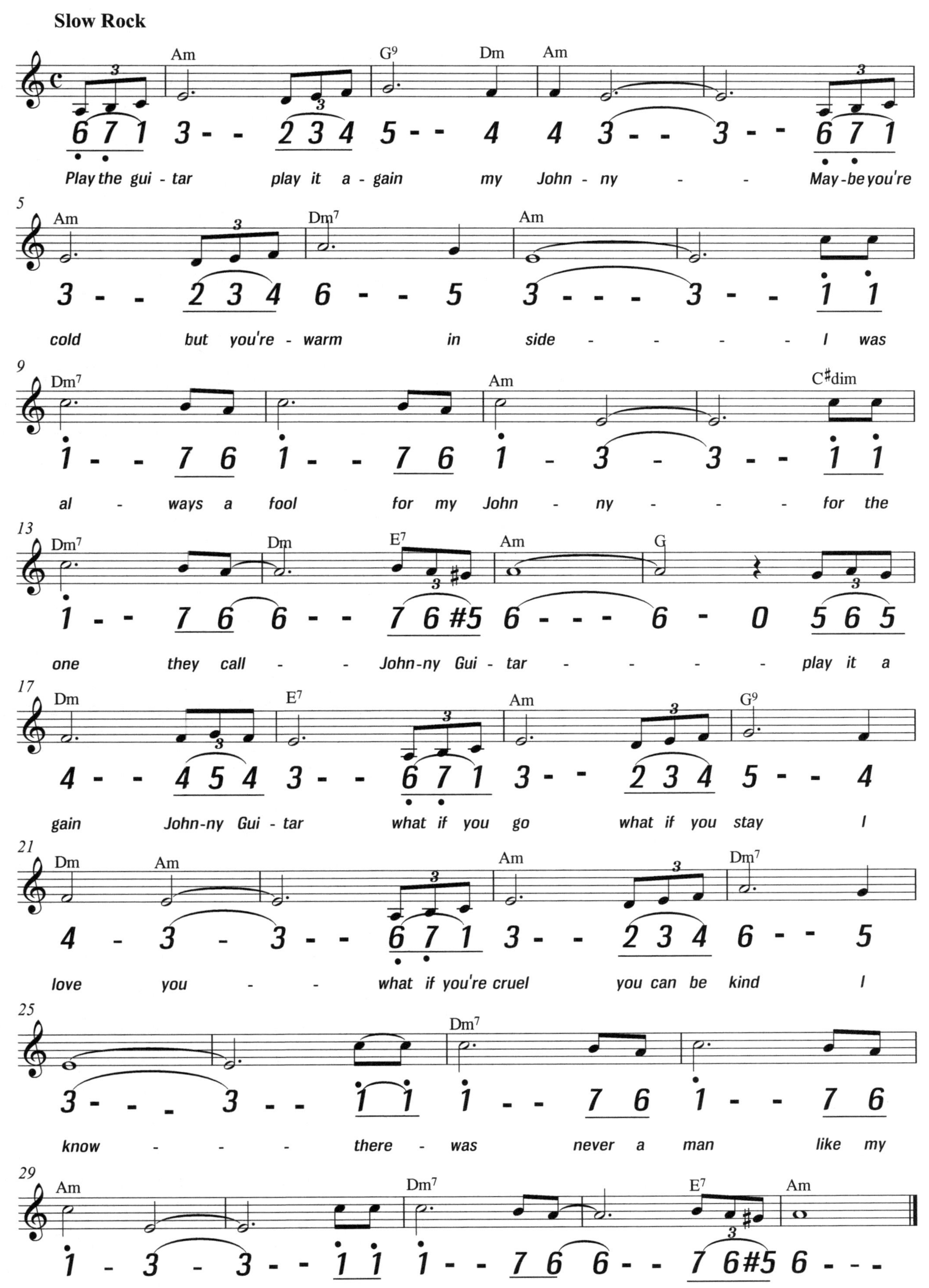

데이지 주제곡

P.Tchaikovsky 작곡

June Barcarole(유월 뱃노래)

Andante Cantabile

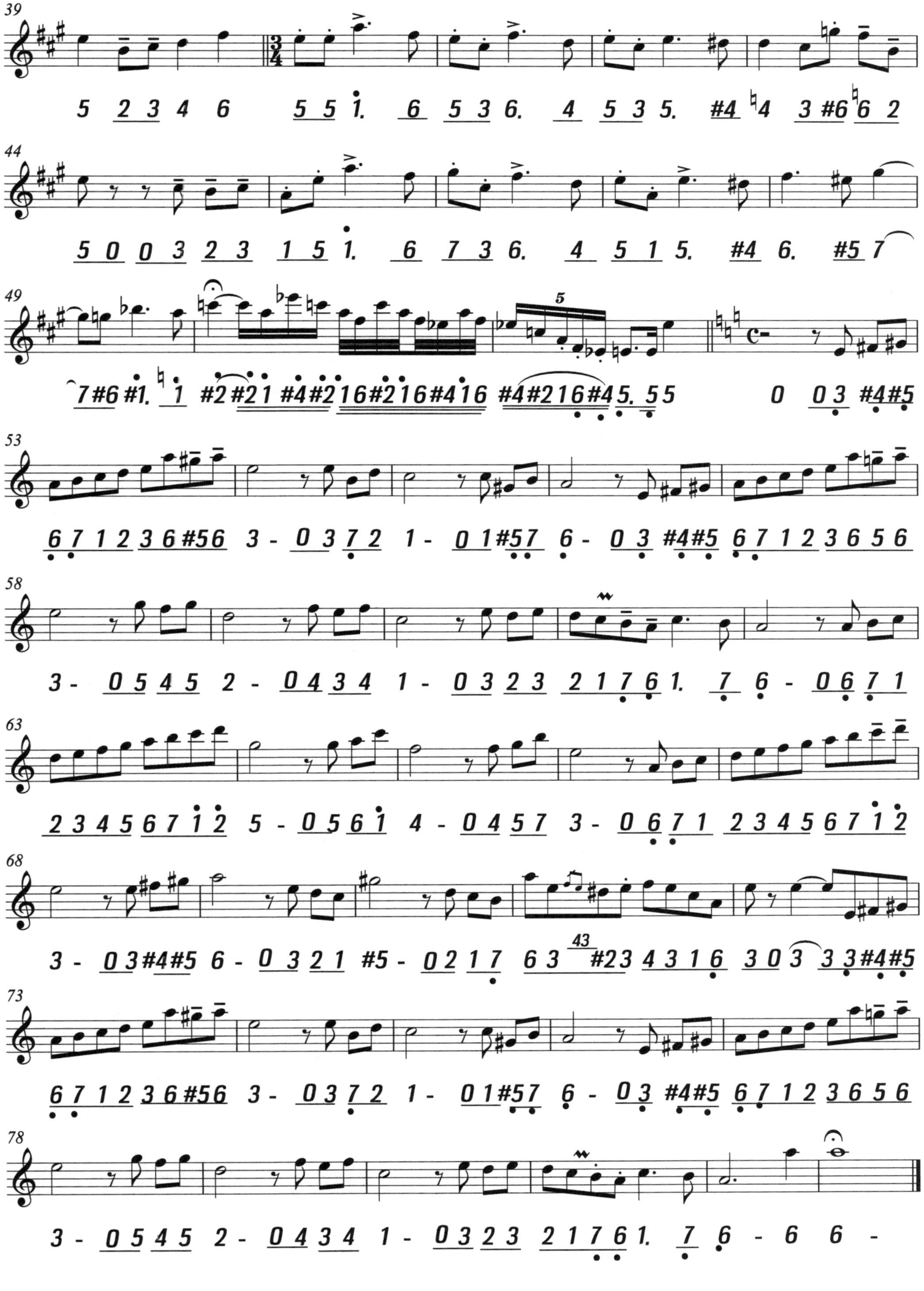

5 2 3 4 6 5 5 1. 6 5 3 6. 4 5 3 5. #4 ♮4 3 #6 6 2
5 0 0 3 2 3 1 5 1. 6 7 3 6. 4 5 1 5. #4 6. #5 7
7 #6 #1. ♮1 #2 #2 1 #4 #2 1 6 #2 1 6 #4 1 6 #4 #2 1 6 #4 5. 5 5 0 0 3 #4 #5
6 7 1 2 3 6 #5 6 3 - 0 3 7 2 1 - 0 1 #5 7 6 - 0 3 #4 #5 6 7 1 2 3 6 5 6
3 - 0 5 4 5 2 - 0 4 3 4 1 - 0 3 2 3 2 1 7 6 1. 7 6 - 0 6 7 1
2 3 4 5 6 7 1 2 5 - 0 5 6 1 4 - 0 4 5 7 3 - 0 6 7 1 2 3 4 5 6 7 1 2
3 - 0 3 #4 #5 6 - 0 3 2 1 #5 - 0 2 1 7 6 3 #2 3 4 3 1 6 3 0 3 3 3 #4 #5
6 7 1 2 3 6 #5 6 3 - 0 3 7 2 1 - 0 1 #5 7 6 - 0 3 #4 #5 6 7 1 2 3 6 5 6
3 - 0 5 4 5 2 - 0 4 3 4 1 - 0 3 2 3 2 1 7 6 1. 7 6 - 6 6 -

056 로미오와 줄리엣 주제곡
Kissing You(키싱유)

Nellee Hooper 작곡

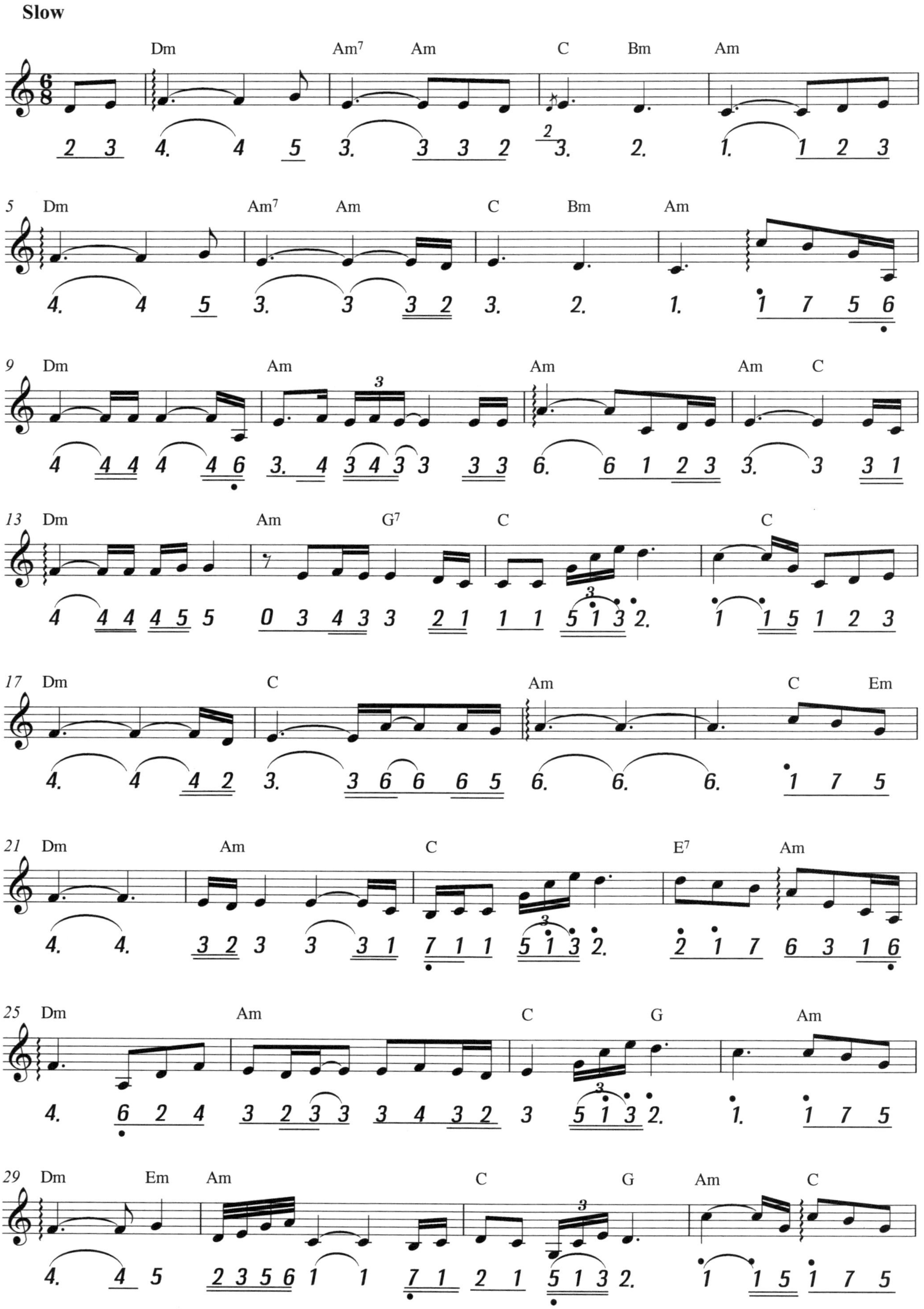

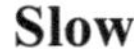

Pablo Sorozabal Father & Son 작곡

La Cancion De Marcelino(마르첼리노의 노래)

단추전쟁(나체전쟁) 주제곡

T. Berghmans 작곡

La Guerre Des Boutons(단추전쟁)

March

밤안개속의 데이트 주제곡

J. V. Wetter 작곡

La Playa(라 플레야)

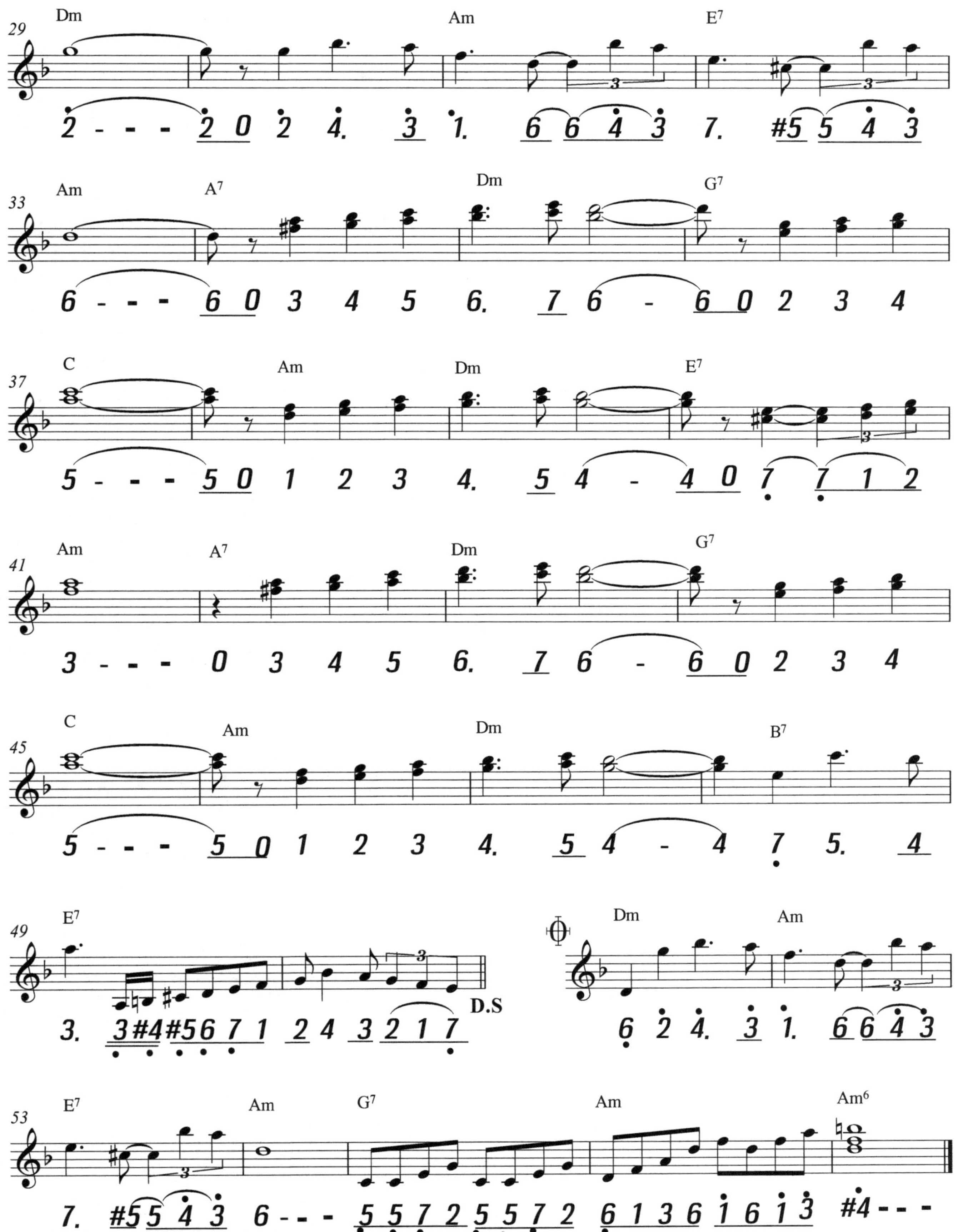
91

시바의 여왕 주제곡

M. Laurent 작곡

La Raine De Saba(시바의 여왕)

Slowly

선물 주제곡

Last Present

조성우 작곡

애잔하게

라스트 콘스트 주제곡

S. Cipriani 작곡

Last Concert(라스트 콘스트)

애절하게

부루클린으로 가는 마지막 비상구

Last Exit to Brooklyn

Mark Knopfler 작곡

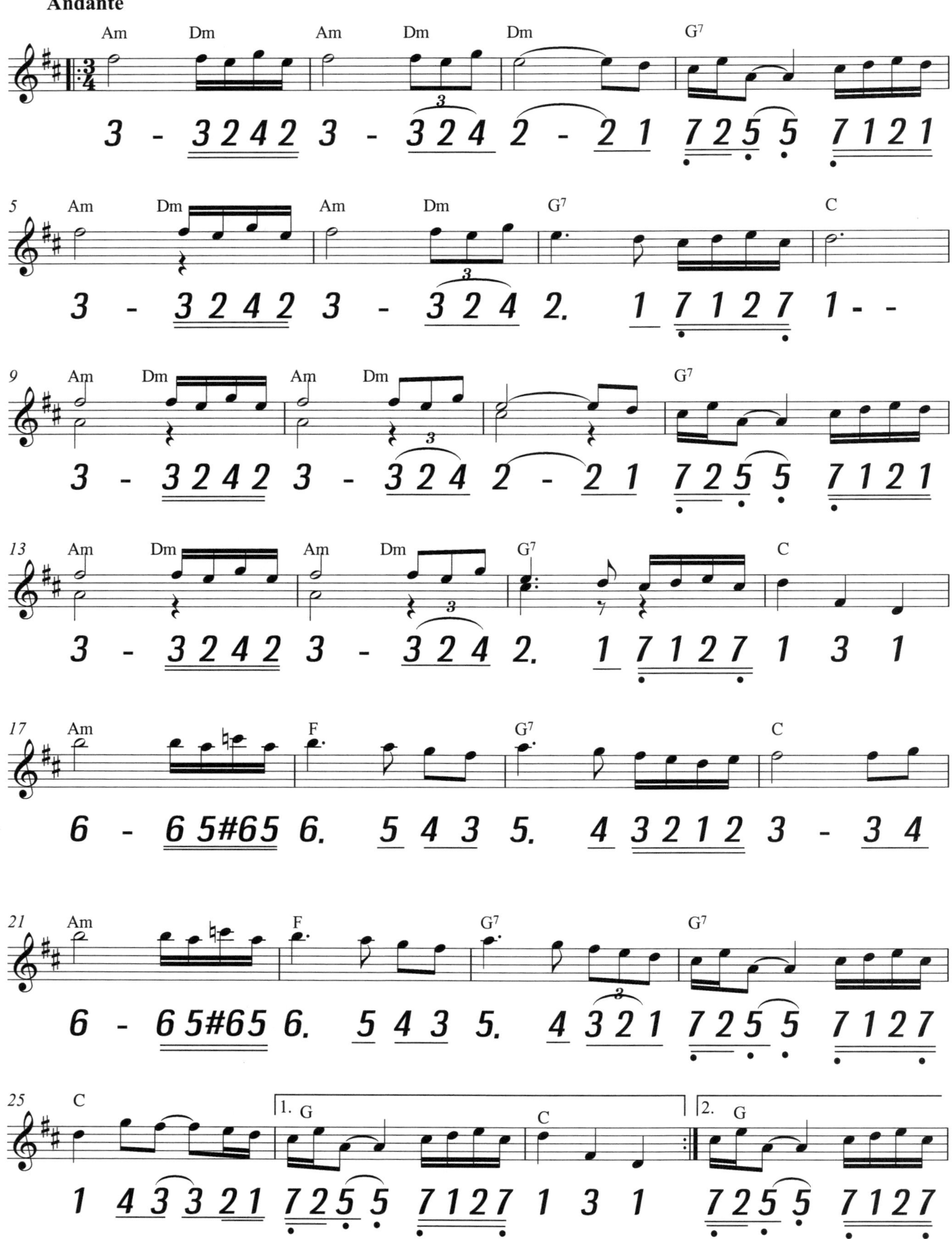

064 현금에 손대지 마라 주제곡

Le Grisbi(그리스비의 블루스)

Les Grands Chemins(상처뿐인 태양)

노인과 아이 주제곡

G. Delelue 작곡

Le Vieil Homme Et L'Enfant

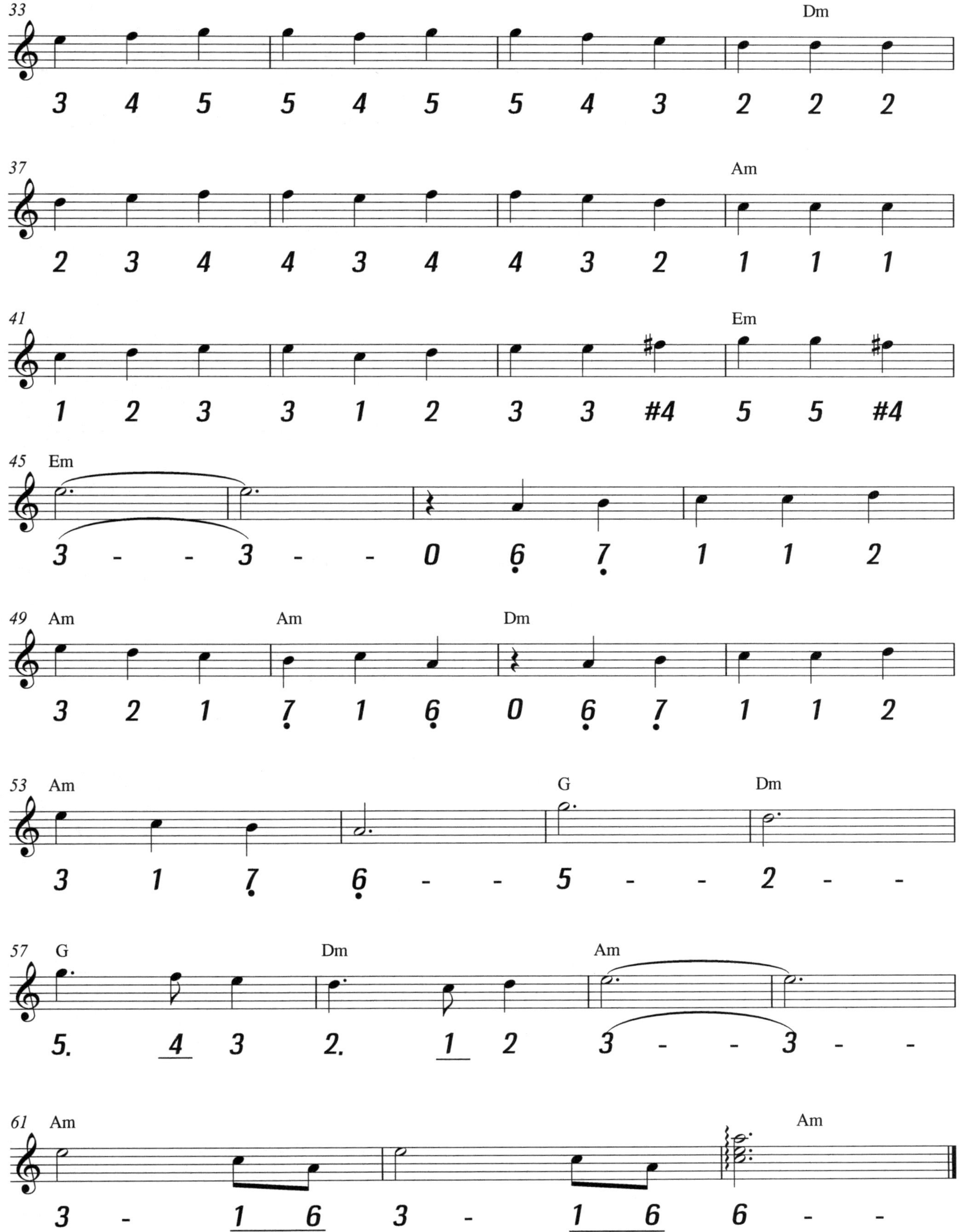

자유와 탱고 주제곡

Libertango(리베르 탱고)

Tango

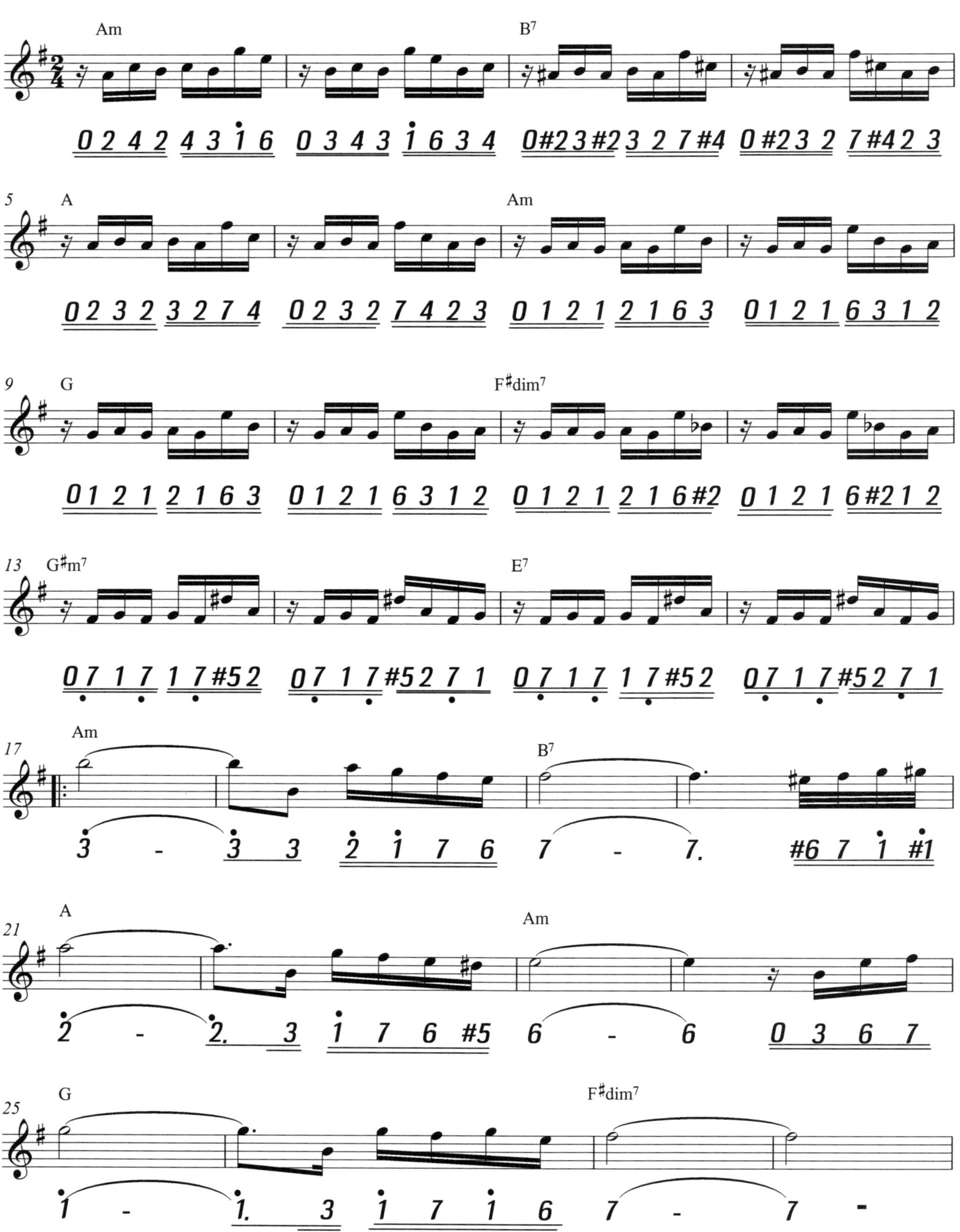

29 G#dim7   E7
7 6 7. 7 7 7 1 7 6 7 - 7 -

33 Gm   A7   Dm   BbM7
5. 5 #6 b6 #5 6 3 b5 4 3 2 3 4 - 4 4 #1 2 3

37 Ab   Gm7   C   E
4 3 4. 4. #4 5 #5 b5 #4 b5 5 4 3 2 3 - 3 -

41 Am   B7
1 - 1. 3 #2 - #2 -

45 A   Am
7 - - 7. 2 1 - 1 -

49 Am   A
0 3 4 3 4 3 1 6 0 3 4 3 1 6 3 4 0 #2 3 2 3 2 7 #4 0 #2 3 2 7 #4 2 3

53 A   Am
0 2 3 2 3 2 7 4 0 2 3 2 7 4 2 3 0 1 2 1 2 1 6 3 0 1 2 1 6 3 1 2 6 0 0 0

유혹받고 버림받고 주제곡

C. Rustichelli 작곡

L'onuri Di L'ascaluni(유혹받고 버림받고)

Waltz

모정 주제곡

P.F.Webster& S.Fain 작사 / 작곡

Love Is Many Splendored Thing

러브미 텐더 주제곡

Love Me Tender

Elvis . Presley 작사 / V. Matson 작곡

Moderately Slow

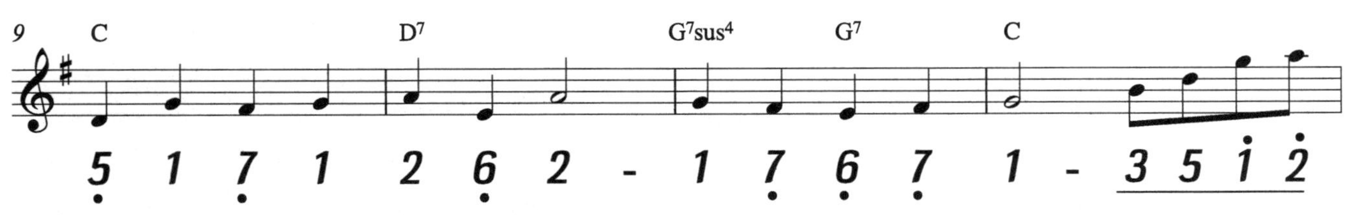

Love Story

F. Lai & C. Sigman 작사 / 작곡

Slow

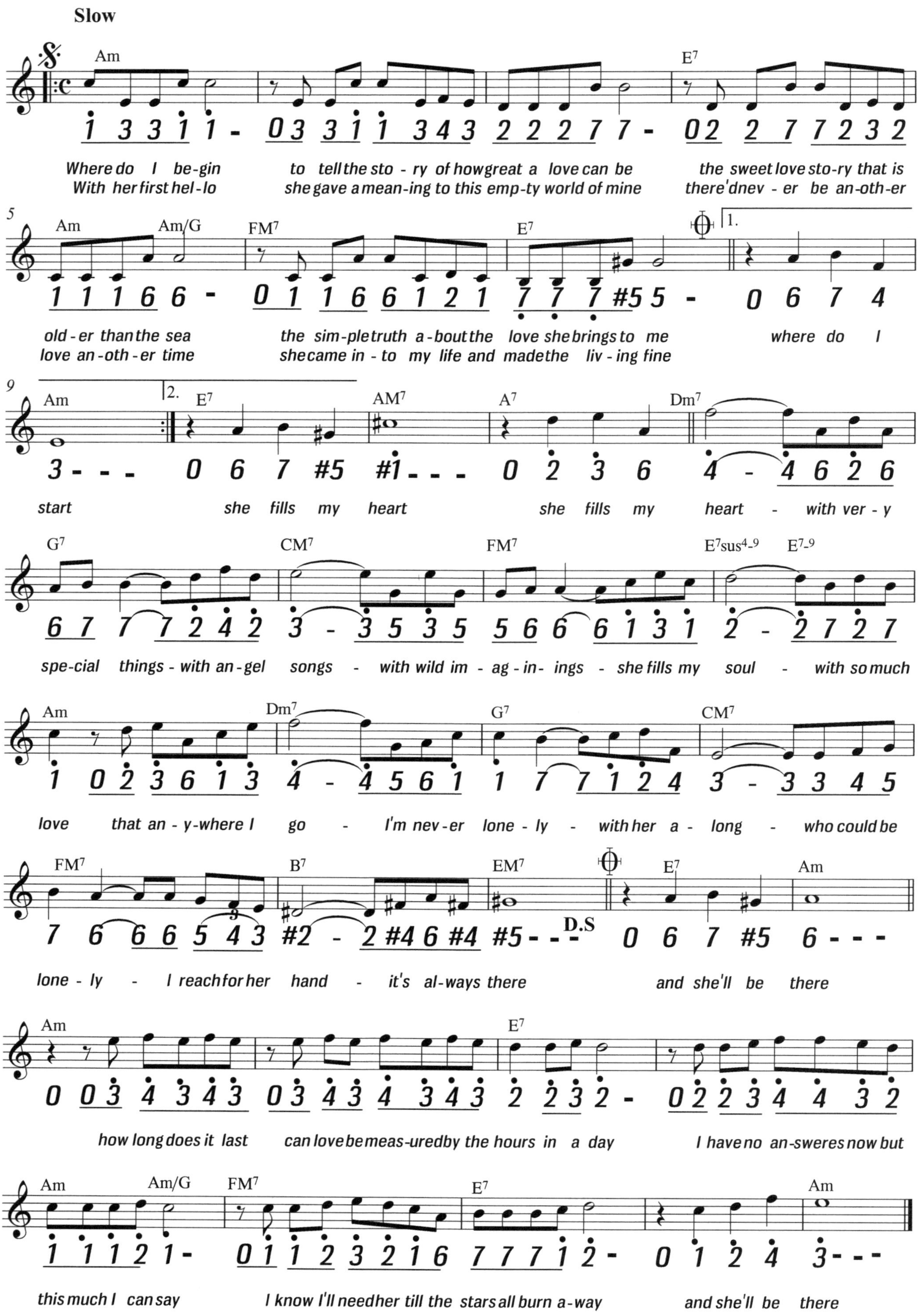

달콤한밤 주제곡

Hubert Giraud 작곡

Mea Culpa(나의죄)

사랑의 멜로디 주제곡

Barry Robin Maurice Gibb 작곡

Melody Fair(멜로디 페어)

Moderato

074

MO' Better Blues

티파니에서 아침을 주제곡

Johnny Mercer 작사 / Henry Mancini 작곡

Moon River(문리버)

몬도가네 주제곡

More(모어)

N. Olivier & R. Ortolani 작곡

077 졸업 주제가
Mrs Robinson(로빈슨 부인)

경쾌하게

시월에 주제곡

김현철 작곡

Must Say Good Bye(시월에)

Moderato

타이타닉 주제곡

James Horner, Will Jennings 작곡

My Heart Will Go On(타이타닉)

080

헤파 타이거 주제곡

R. Budd 작곡

My Little Friend(마이 리틀 프렌드)

Moderato

선샤인 주제곡

John Denver 작곡

My Sweet Lady

Go Go

마이 웨이 주제곡

My Way

J. Revaux, G. Thibault 작곡

Moderately Slow

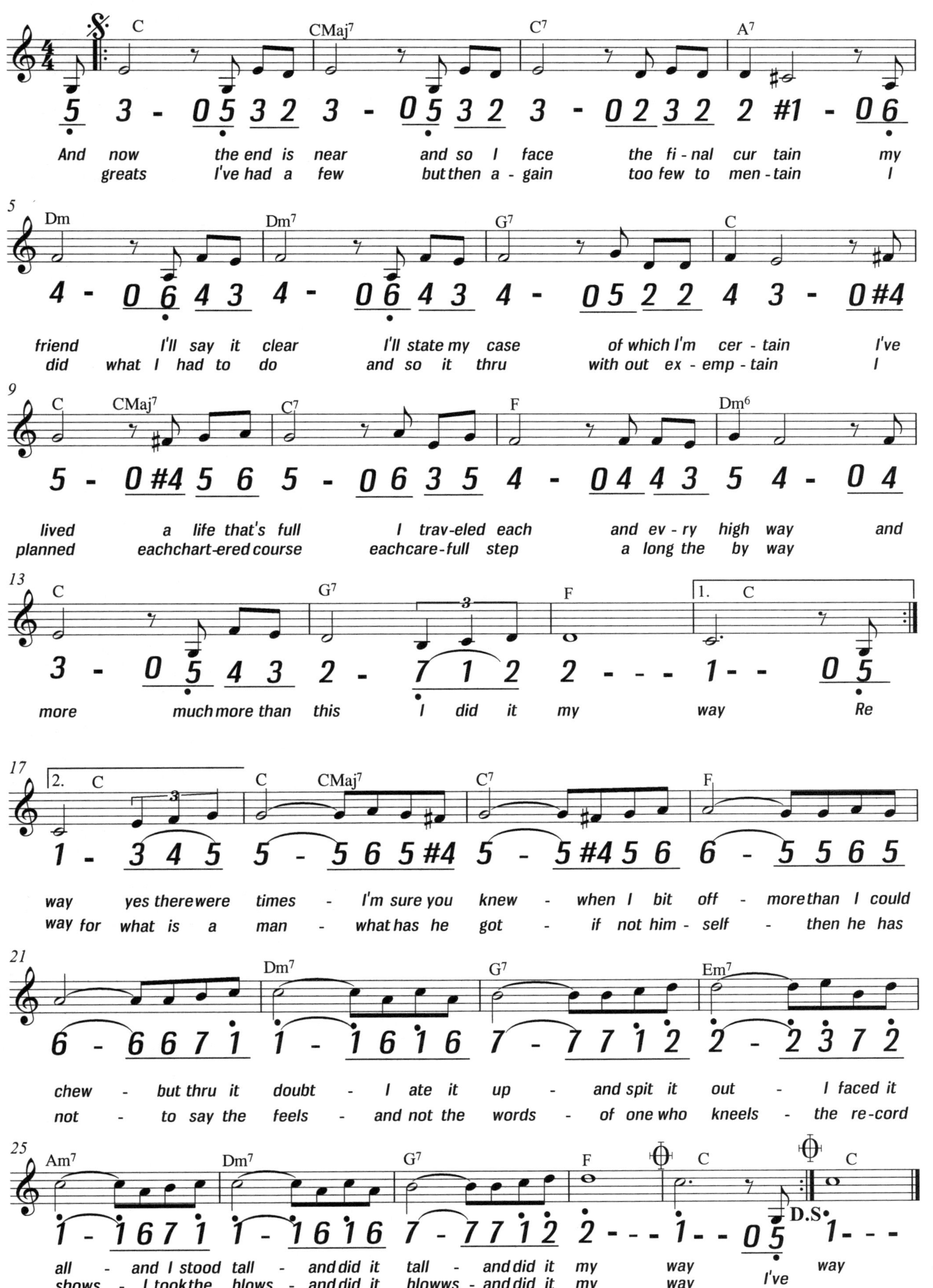

전쟁과 평화 주제곡

N. Rota 작곡

Natacha's Waltz(나타샤 왈츠)

일요일은 참으세요 주제곡

Never On Sunday

Billy Towne 작사 / Manos Hadjidakis 작곡

Moderato

085

슬픔은 어느 별 아래 주제곡

I. Vandor 작곡

Oltre La Notte(슬픔은 어느 별 아래)

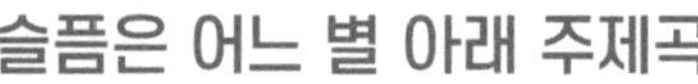

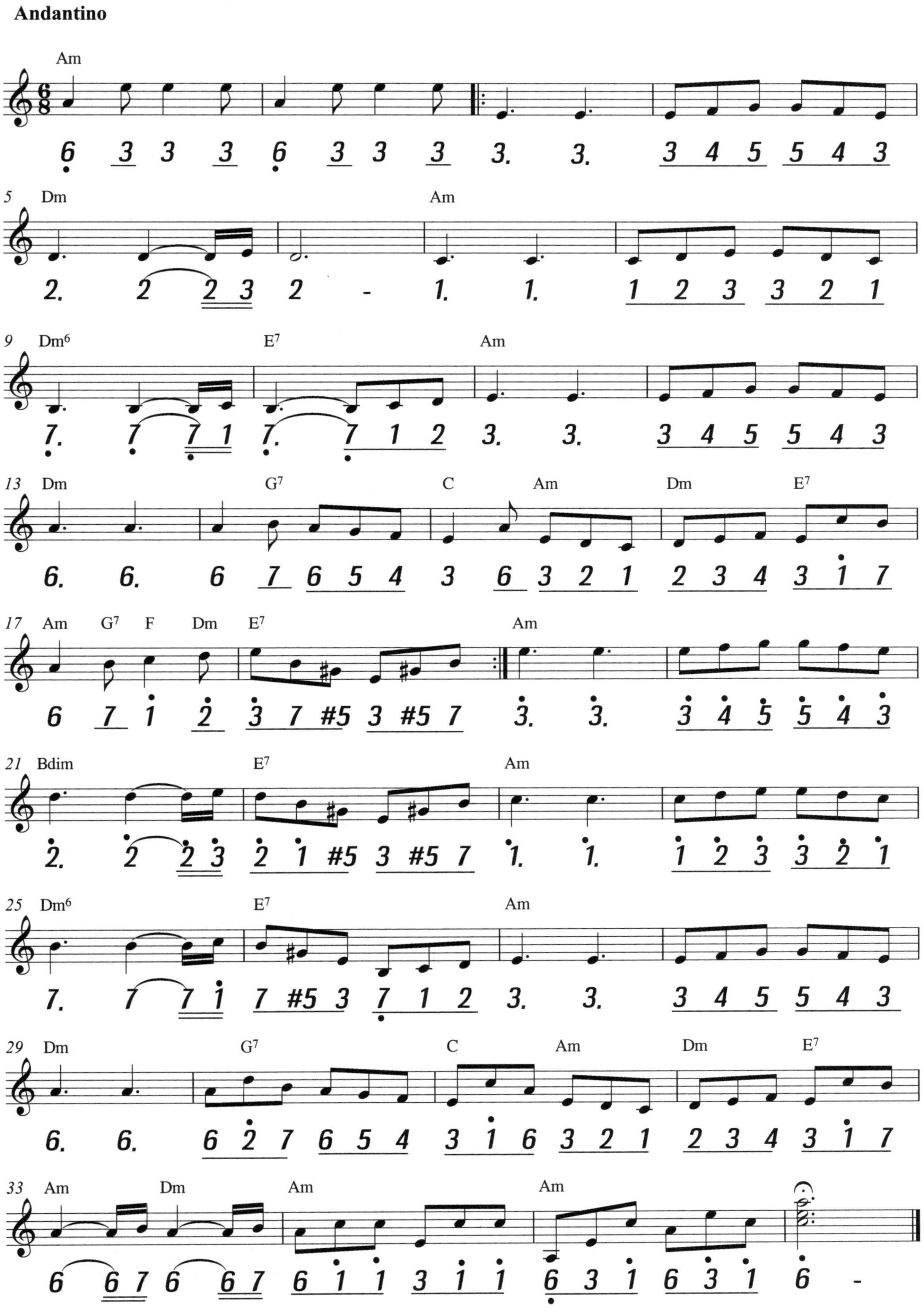

Rimbault, Doddridge 작사 / 작곡

Oh Happy Day(오 해피데이)

뮤지컬 분위기로

오즈의 마법사 주제곡

E. Y. Harburg 작사 / Harold Arlen 작곡

Over The Rainbow(무지개 저편에)

088

어느 개인날 아침 갑자기 주제곡

Par Un Beau Matin D'ete

M. Magne 작곡

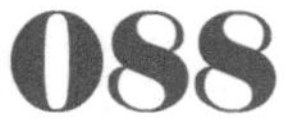

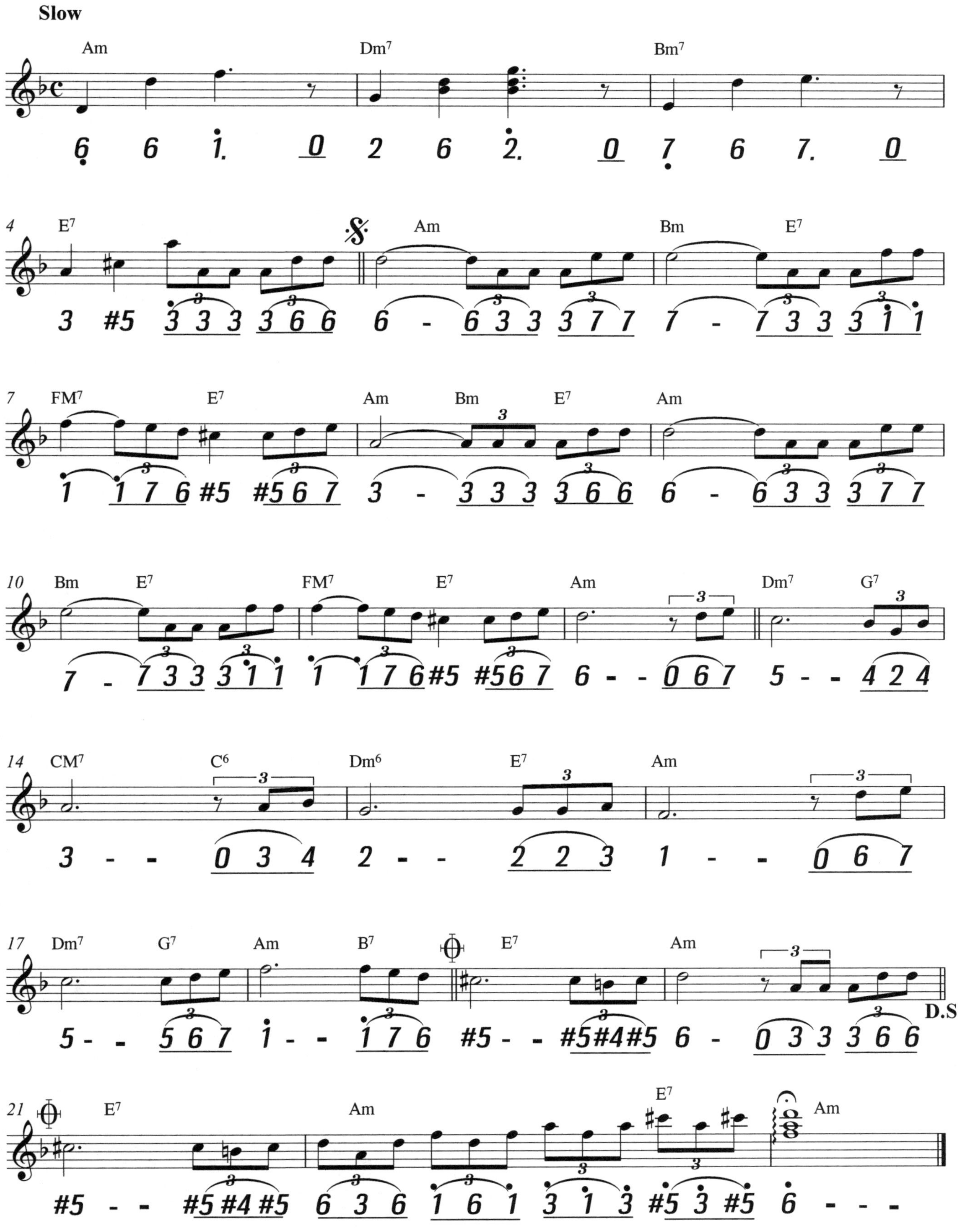

Papillon(빠삐용)

Plein Soleil(태양은 가득히)

여인의 향기 주제곡

Carlos Gardel 작곡

Por Una Cabeza(여인의 향기)

Tango

33
i 0 1 7 6 5 6 5 0 #4 5 6 7 2 i 0 3 4 2 3 1 2 7 1 7 5 7 5

37
4 0 4 3 5 4 2 0 2 #1 3 2 7 0 7 1 #1 2 3 2 7 5 #5 7 6 4

41
3 0 3 4 #4 5 6 5 #4 5 6 7 2 i 0 i 2 3 i 2 i 2 3 2. i

45
6 - 2 i 6 4 3 2 3 4 #5 i #6 #5 i 5 i 2 3 i 2 2 7 1 2 7

49
6 0 3 6 3 6 i i 2 3 3 - 7 - 0 6 6 7 i

53
i - 5 - 0 4 4 5 6 6 - 6 7 i 6 7 7 6 7 i 6

57
i - 7 - 0 i i 2 3 3 - 7 - 0 6 6 7 i

61
i - 5 - 0 4 4 5 6 6 - 6 7 i 6 7 7 #5 6 7 #5 6 - 0 -

Paradise(파라다이스)

화양연화 주제곡

O. Farres 작곡

Quizas Quizas Quizas(어쩌죠)

원키이 / **Dm (F) / Bm ((D)**

094

내일을 향해 쏴라 주제곡

H.David & B.Bacharach 작사 / 작곡

Raindrops Keep Fallin' On My Head

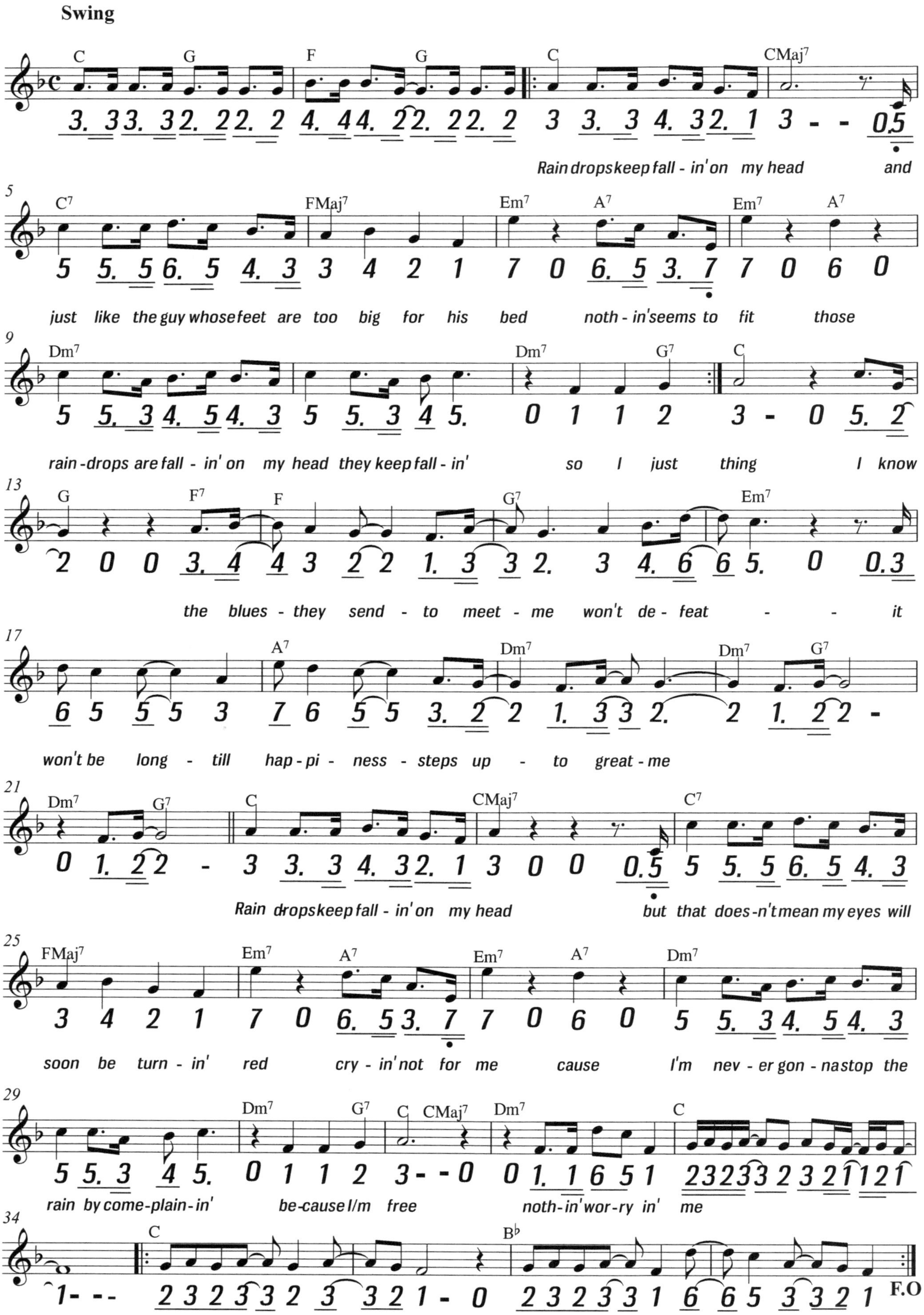

라붐 주제곡

Reality

V. Cosma 작곡

리듬을 타고

096

홍하의 골짜기 주제곡

Red River Valley

American Folk Song

보통 빠르게

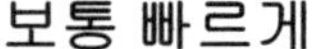

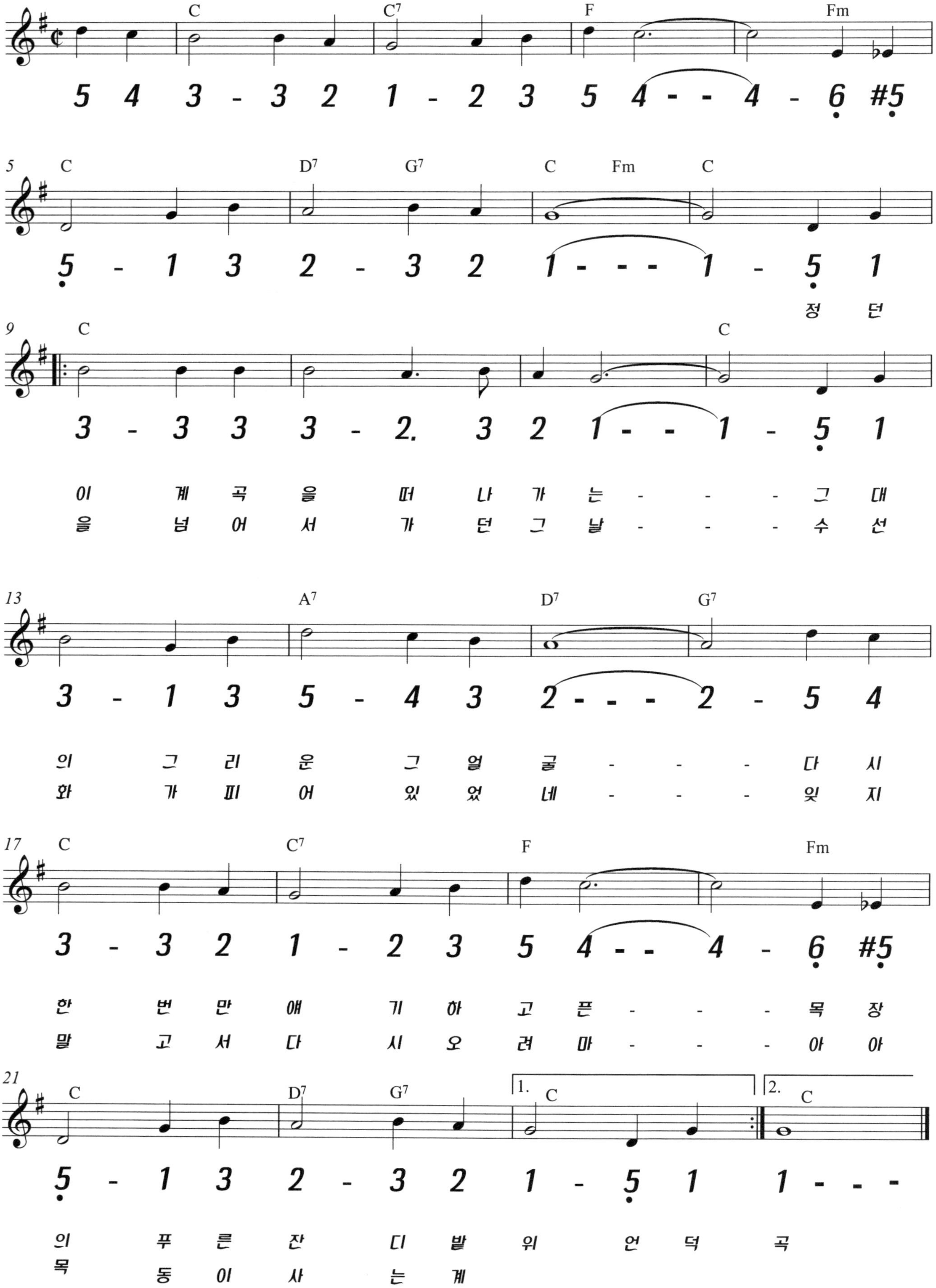

금지된 장난 주제곡

Narciso Yeper 작곡

Romance De Amor 사랑의 로망스

Allegretto

미술관옆 동물원 주제곡

E. Elgar 작곡

Salut D'Amour 사랑의 인사

Andantino

51
6 4 3 2 #1 2 4 - 0 #1 2 4 -
56
0 6 5 4 3 5 3 2 1 7 1 2 6 2 1 7 1 2
61
3 #5 3 2 1 7 1 2 2 2. #2 3 5 3
66
2 1 7 1 6 6 6 - #5 - 4 -
71
1. 3 2 1 5 #5 4 2 1 #6 #5 2 6 1 5 3
76
2 1 5 #5 6 3 4 5 6 4 3 2 1 #5 6 7 1 1 7 6
81
5 7 2 1 7 5 5. 3 3 2 6 7 1 5 3
86
2 1 7 1 4 4 4 3 2 1 5 3 2 1 7 1
91
4 4 4 3 2 1 - 3 3 5 1 0
96
3 0 1 - 1 - 1 - 1 0

백야 주제곡

Lionel Richie 작곡 / 노래

Say You Say Me

Slow Ballad

144

Shall We Dance

춤추듯이

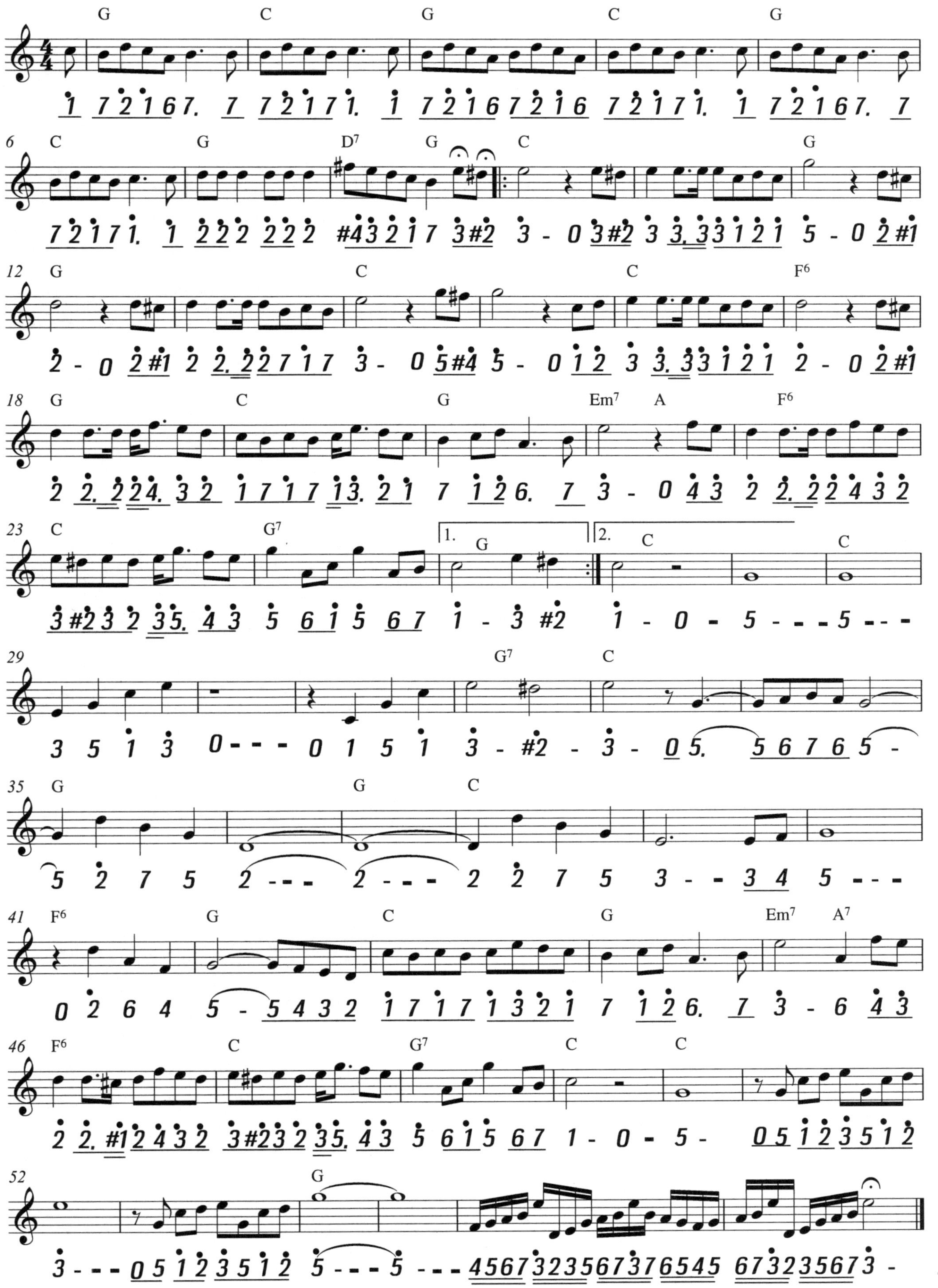

졸업 주제곡

P. Simon & A. Garfunkel 작곡

Scaborough Fair

tell her to fine me an a - cre of
land - - - - - - pars - ley sage rose mar - y and
thyme - - - - - - - - - - be tween the salt
wa - therand the sea strand - - - - then she'll
be a true love of mine
tell her to reap it with a sick - le of leath - er
pars ley sage rose - mar - y and thyme
and gather it all - in
a bunch of heath - er - - - - - then she'll be a
true love of mine - - - -

노팅힐 주제곡

She

트레버 존스 작곡

Moderato

Shostakovich Jazz Suite No.2 Waltz

Dimity Shostakovich 작곡

왈츠풍으로

대부 주제곡

L. Kusik & N. Rota 작사 / 작곡

Speak Softly Love

Slow Go Go

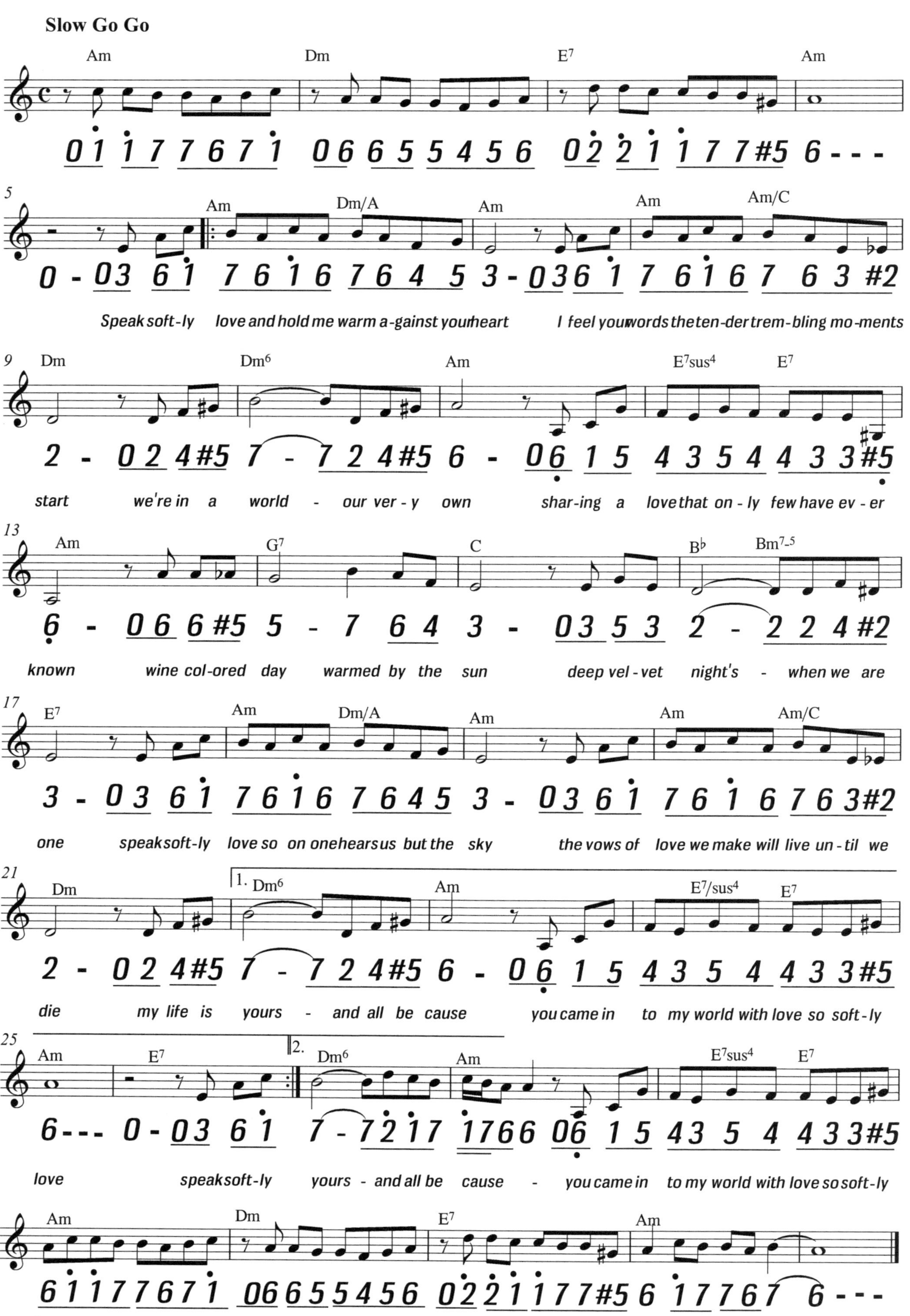

해바라기 주제곡

Sunflower

Henry Mancini 작곡

Slow Go Go

106 지붕위의 바이올린

Sunrise Sunset

Jerry Back 작곡

Waltz

153

선샤인 주제곡

Sunshine On My Shoulder

J. Denver 작사 / 작곡 / 노래

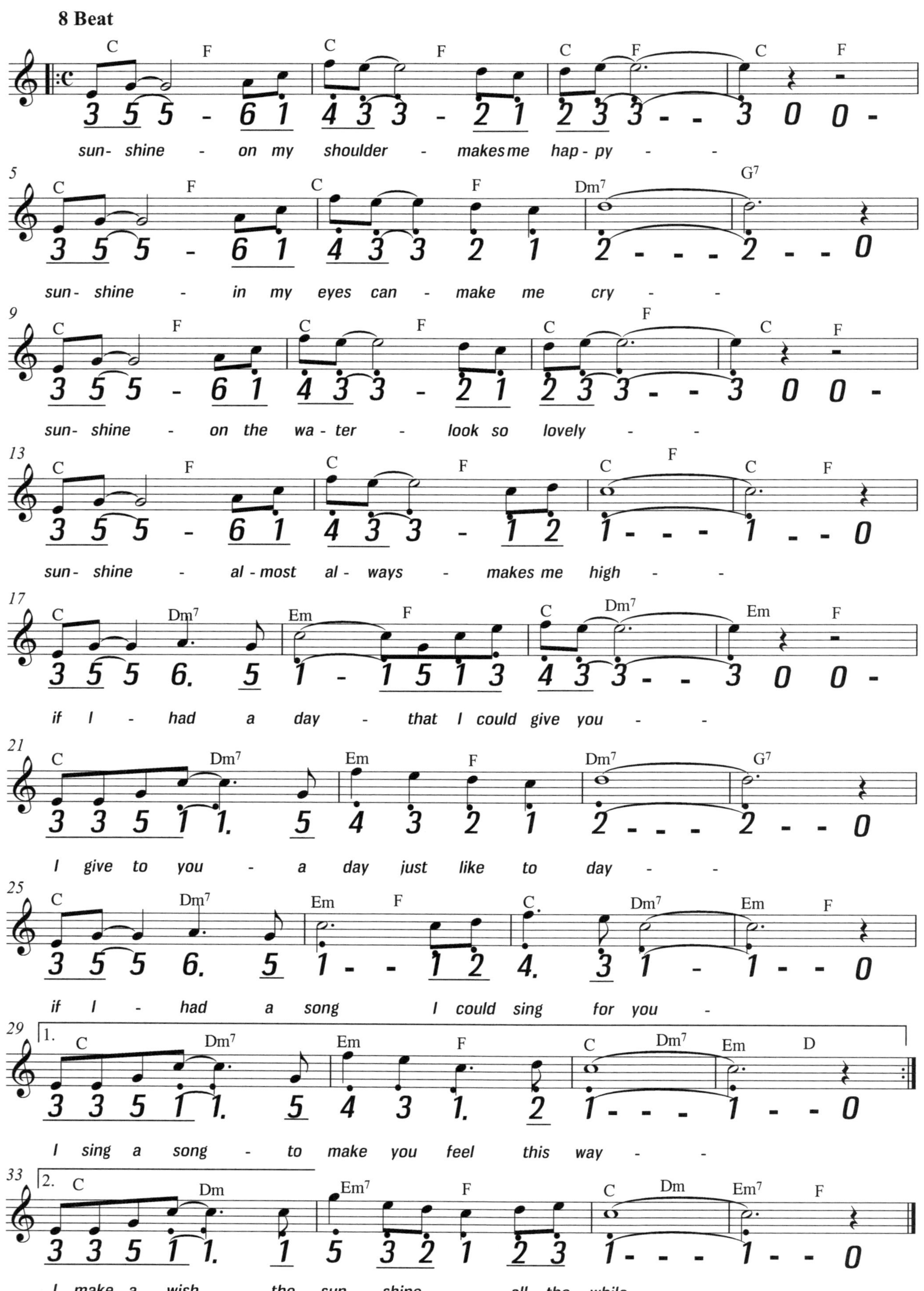

108 바람과 함께 사라지다 주제곡

Tara's Theme

M. Steiner 작곡

Slowly

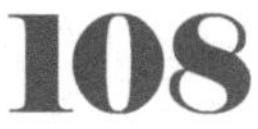

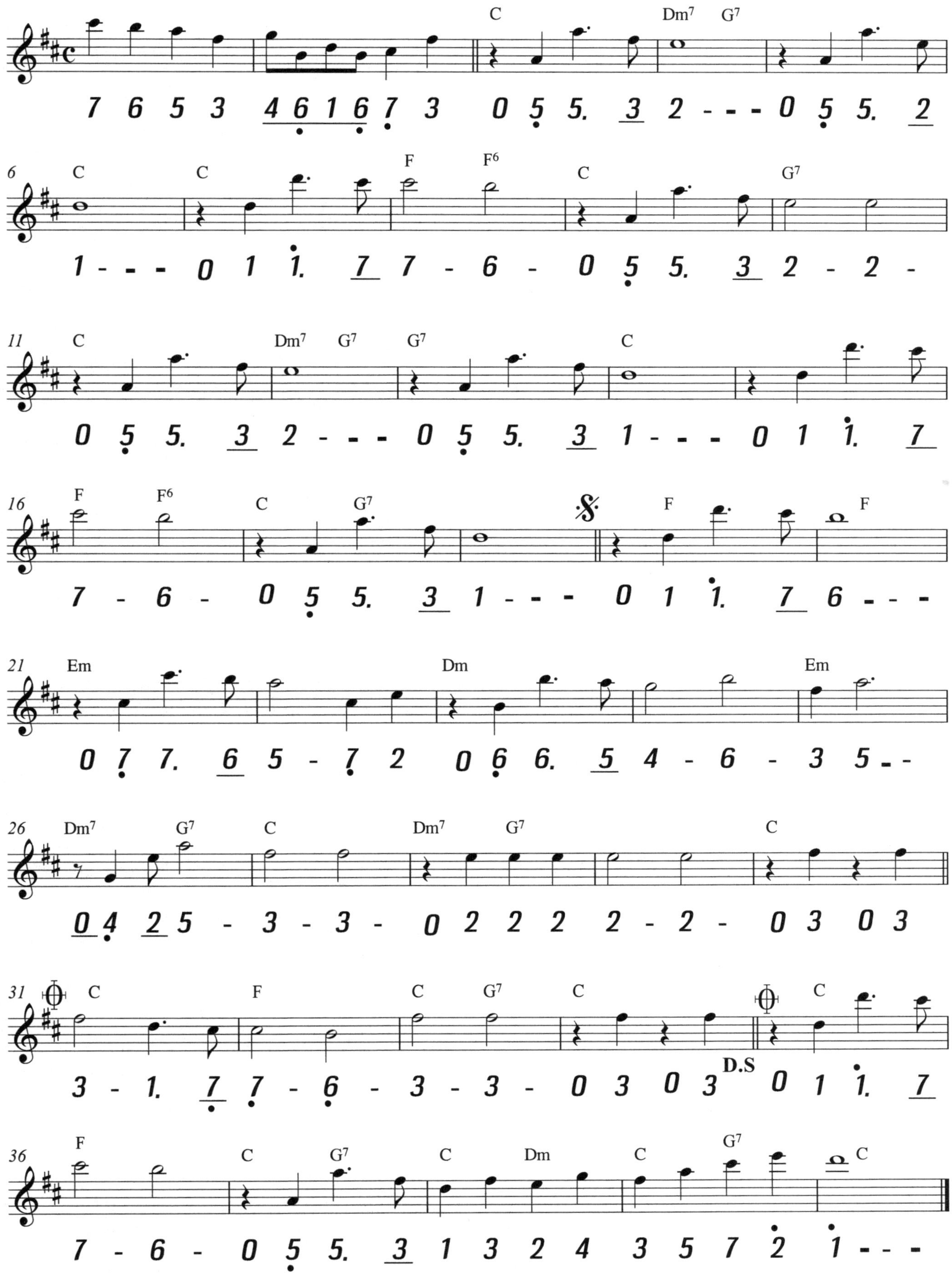

109 테스 주제곡

Tess Song 슬픔의 테스

Slow

쉐인 주제곡

Victor Young 작곡

The Call Of The Faraway Hills

Moderato Slow

The Color Of The Night

J.J. Friedman 작곡

112 스팅 주제곡

The Entertainer

리듬을 타면서

C D7 G7 C
F Fm C F F#dim C
D7 G7 C C F Fm
C C D7 G7
C F Fm C F F#dim
C D7 G7 C C C
D.S
F Am Dm C Am
B7 Em G7 C F Am

영광의 탈출 주제곡

The Exodus Song

Music by-Ernest Gold / Pat Boon-Singer 작곡

E. McColl 작사 / 작곡

The First Time Ever I Saw Your Face

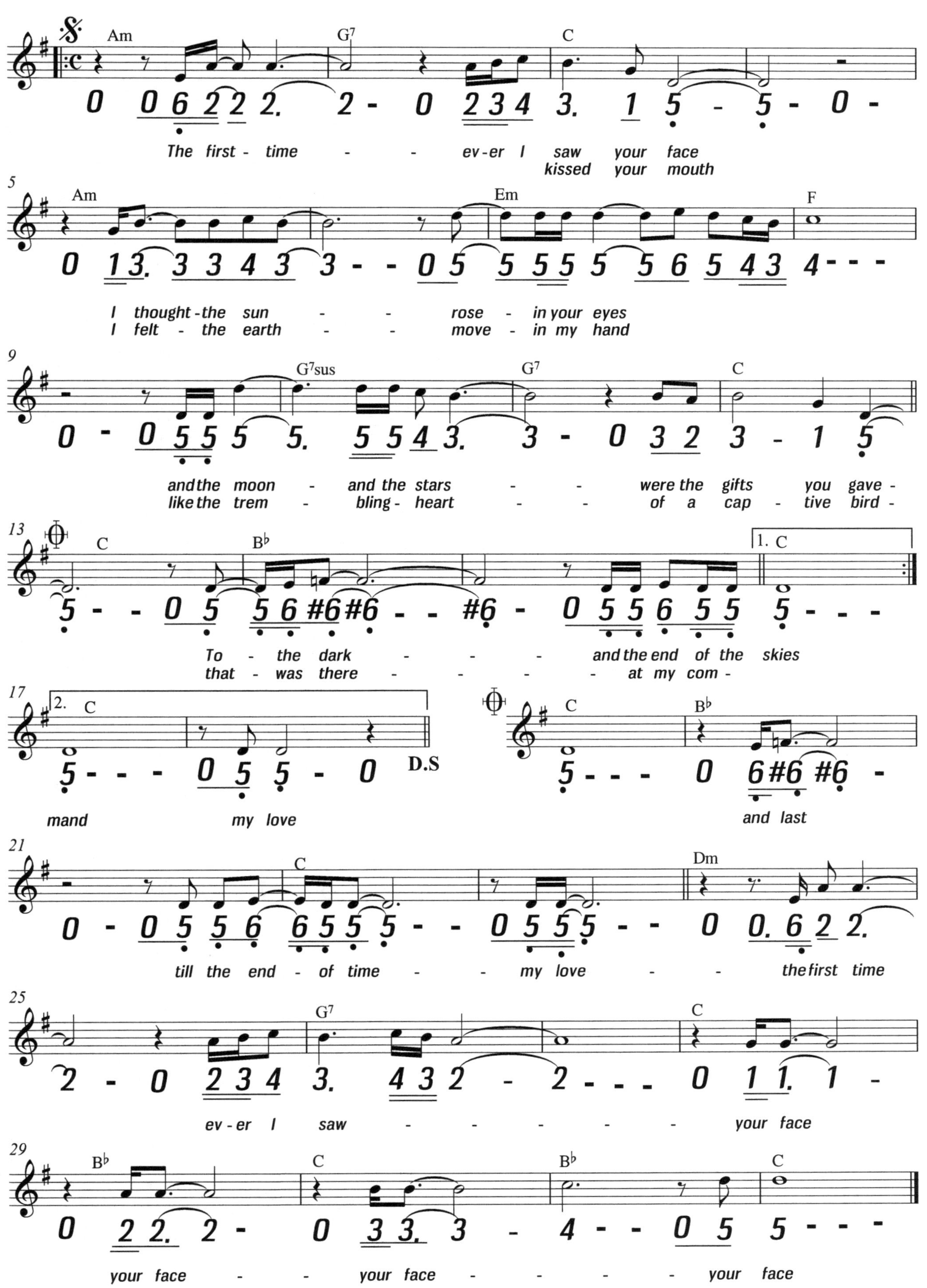

115 돌아오지 않는강 주제곡

The River Of No Return

The Shadow Of Your Smile

고백 주제곡

J. Mandel 작곡

P.Simom 작곡

The Sound of Silence

역마차 주제곡

American Folksong

The Stage Coach

Moderato

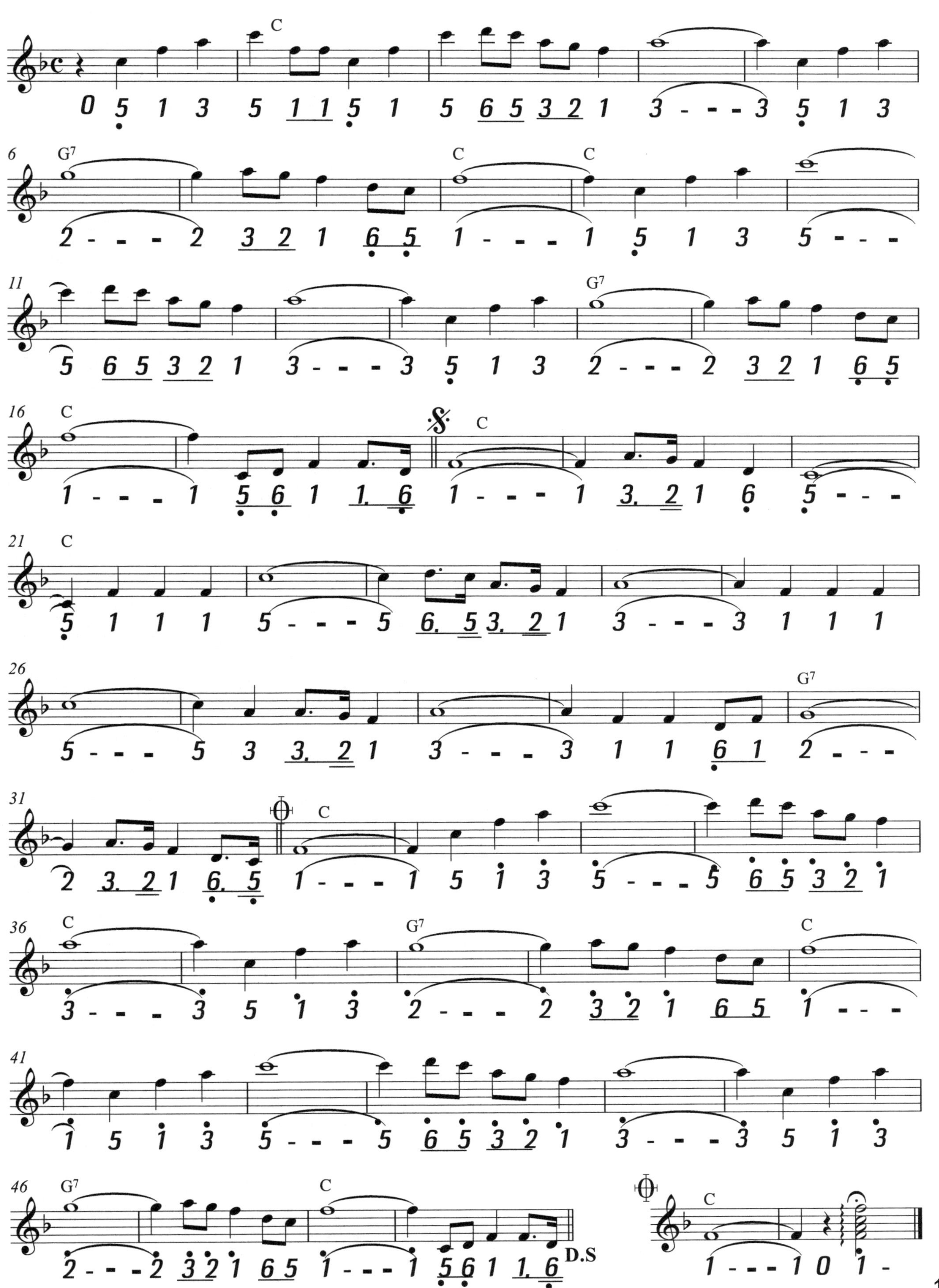

추억 주제곡

M. Hamlisch 작곡

The Way We Were

도쿄 맑음 주제곡

Turkish March

W. A. Mozart 작곡

Allegretto

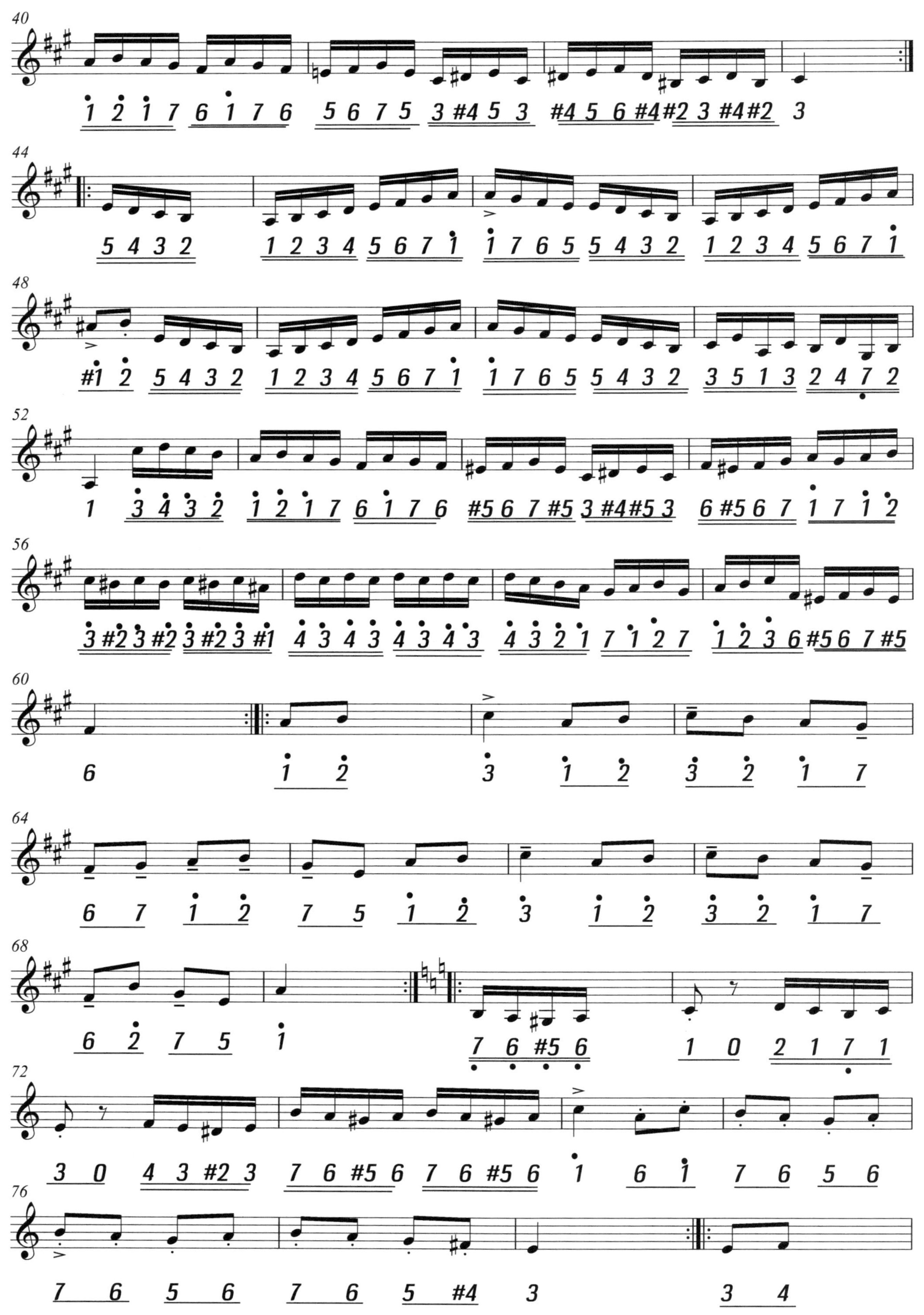

제3의 사나이 주제곡

The Third Man Theme

리듬을 타고

A. Karas 작곡

황야의 무법자

Titoli 방랑의 휘파람

Enniomorricone 작곡

Western

라스트 모히칸 주제곡

Top Of The World

Richard Carpenter , John Bettis 작사 / 작곡

near-est thing to heav-en that I've - seen
need - will be mine if you are - here
I'm on the top of the
look-in down on crea - tion - and the on-ly ex-pla-na - tion I - can
find Is the love that I've found e - ver since you've been a -
round your love's put me at the top of the world - - I'm on the
top of the world - look-in down on cea - tion - and the
on-ly ex-pla-na - tion I - can - find is the love that I've
found e - ve since you've been a - round your love's put me at the
top of the world

남과여 주제곡

F. Lai 작곡

Un Homme Et Une Femme

Moderato

사관과 신사 주제곡

Buffy Sainte, Marie Jack Nitzsche 작곡

Up Where We Belong

그날이 오면 주제가

Australian Folksong

Waltzing Matilda 왈칭 마틸다

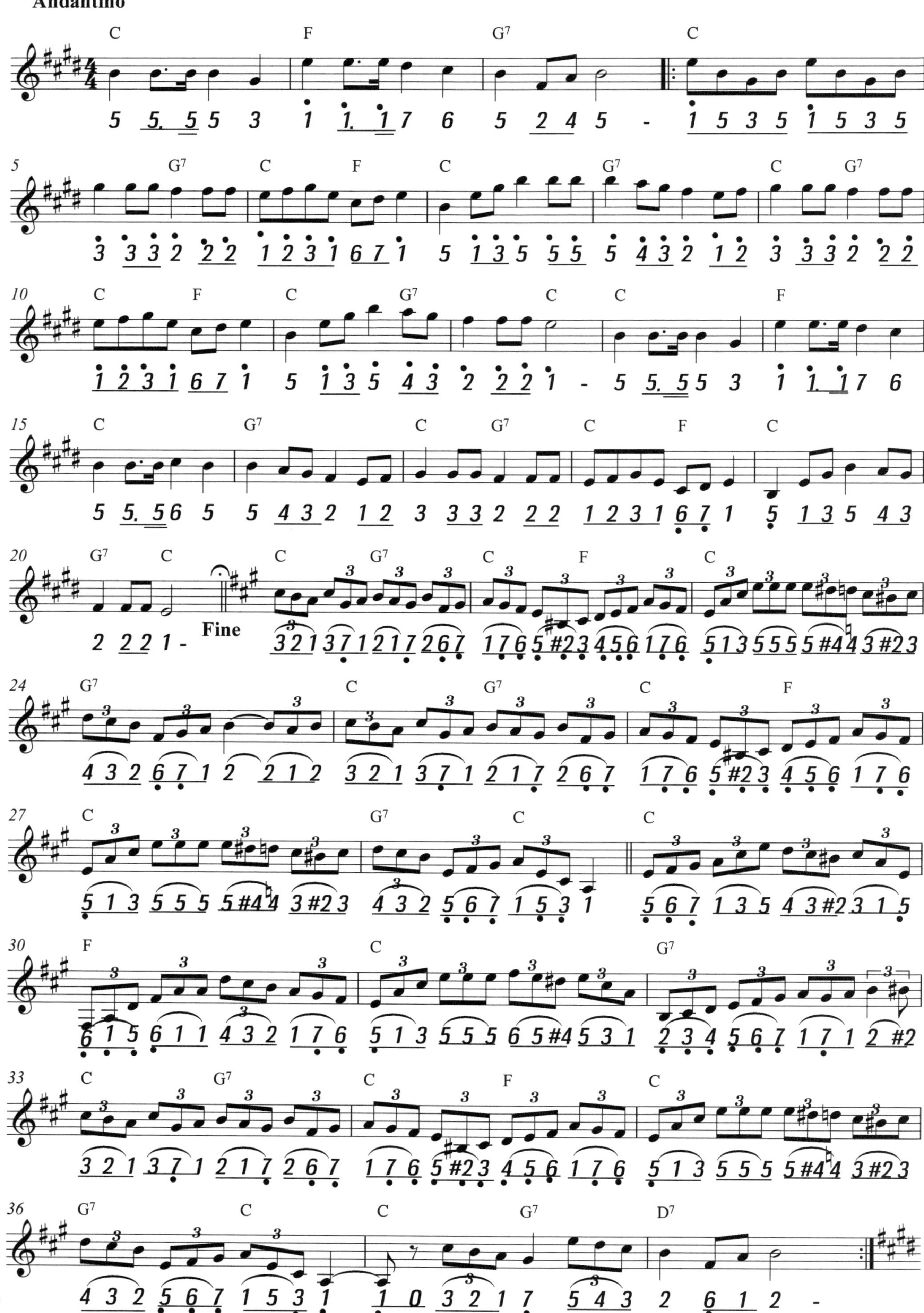

켈트족 주제곡
Watermark
Enya 작곡
Waltz

물망초 주제곡

E.D.Curtis 작곡

Vergiss Mein Nicht

라 내 맘 에 맺 힌 그 대
여 밤 마 다 꿈 속
에 얼 굴 사 라 지 잖
네 날 잊 지 말 아
라 내 맘 에 맺 힌 그 대
여 나 항 상 너 를
고 대 하 노 라 날 잊 지 말 아
라 말 아 라

타워링 주제곡

J. Hirschorn 작곡

We May Never Love Like This Again

쉬리 주제곡

Sandy Mason 작곡

When I Dream

Moderato

성자의 행진 주제곡

When The Saints Go Marching In

Moderato

이집트 왕자 주제곡

Stephen Schwartz 작사 / 작곡

When You Believe

다이나믹 하게

시애틀의 잠못 이루는밤 주제곡

마크 샤이먼 작곡

When I fall In Love

Moderato

when I fall - in love - with - you
This is - Love is en - ded - before is - be - gun - and too many - moon light
kiss - es - seem to cool in - the once of - the sun
when I give - my heart - - It will be - comple-te - ly -
or - I'll ne - ver give - - my heart - - - and - the
mom- ent - I can feel that - you feel that - way too
when I fall in love when I fall in love
when I fall in love with you

예스터 데이 주제곡

Yesterday

J. Lennon / P. McCartney 작사 / 작곡

노래 / 반주 / **F**

Moderato Gently

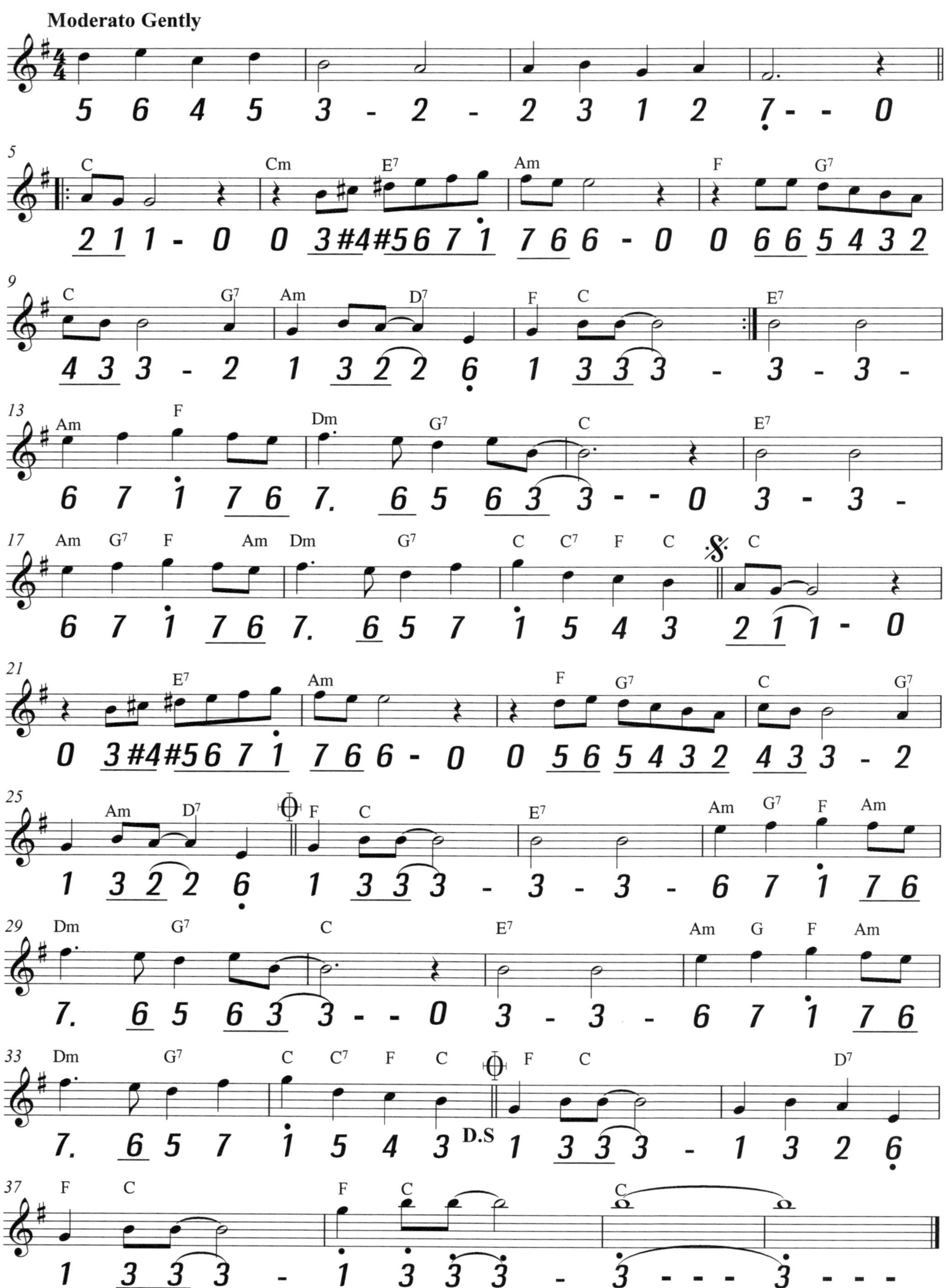

칼리토 주제곡

You Are So Beautiful

패트릭 도일 작곡

Moderato

136 마 흄 주제곡

Y'a Tant D'Amour 사랑은 가득히

33 Am
7. 6 #5 6 7 6 6 #6 6 3. #1 6 5 0 4 -
37 Am B7 E7
7. 6 7 6 1 6 1 7 6 7. 1 7 6 #5 0 3 4 3
41 Am A7 Dm
7. 6 #5 6 7 6 6 #6 6 3. #1 6 5 0 4 -
45 Am E7 Am
7. 6 7 6 1 6 1 7 6 7. 3 1 7 6 - - D.C
49 C 1. C
5 1 2 3 1 3 4 1 4 3 1 3
C 2. C
3 - - 5 1 2 3 1 3 4 1 4
55 C G7 C G7 C
5 3 3 5 4 4 5 3 3 5 4 4 1 - -

화양연화 주제곡

Yumeji's Theme 유메지스 테마

Shigeru Umebayashi 작곡

아름답게

기차는 8 시에 떠나네

애절한 마음으로

195

The Great Escape March

Elmer Bernstein 작곡

March Tempo

사운드 오브 뮤직 주제곡

도레미송

R.로저스 작곡 / 전석화 작사

조성우 작곡

나도 아내가 있으면 좋겠다

Moderato

CM7 Dm9 Em7
3. 5 5 - 2 1 7 1 4 4 - 0 - 3 2 #1 2 5 5 - 0 -
내 내 뭐 라 애 길 해 보 면 나 혼 자
Em7 A7 Dm9
6 5 #4 5 4 - - - 3 - 6 #5 6 3 - - 2
중 얼 거 리 네 겨 울 속 의 날
F6 G CM7
2 1 7 6 3 5 6 7 1 2 3 - - 0 #2 3 5 6 1 1 #2 3 5
보 고 있 네 나 - 나 - 나
Dm9 Dm9 Em7
4 3 4 6 6. 6 4 5 4 3 3 1 6 4 2#2 3 5 7 1 1 2 #2 3 6 5 #4 5
A♭ A7 Dm9 G9
3 2 #1 #6 6 5 4 #2 3 5 #6 4 4 3 #2 3 3 - - 2 1 7 1 2
나 도 아 내 가 있
Dm7 G7 CM7
5 0 3 4 5 0 5 0 5 - - - 1 - 7 #6 6 #5 5 - 3 5 D.S
었 으 면 좋 겠 네 멍 아
C F#dim7 FM7 CM7 CM7
1 2 5 7 1 2 3 - 3 #2 2 #1 1 - 0 - 0 5. 5 - 4 3 2 3 4
Dm9 Em7 Em7 A7
4 - 0 3 4 6 3 2 #1 2 0 5. 5 5 6. 6 5 #4 5 0 5. 6 6
Dm9 G9
6 6 5 0 - 3 3 2 2 6 3 3 2 2 - 0 7. 0 - 0 7. 0 -

부베의 여인 주제곡

La Ragazza Di Bube.

C. 러스티첼리 작곡

연주 / F(Dm)

스잔나 주제곡

스잔나

박현우 작사

Moderato

144 콰이강의 다리 주제곡

Colonel Bogey

행진곡풍으로

85 2. Am G7 C
6 0 0 5 - 5 3 0 0 3 4 5 3 0 3 0
90 C G7
1 - 5 3 0 0 3 4 3 5 0 5 0 4 -
95 G7 C G7
4 2 0 0 2 3 4 5 3 0 0 3 #4 3 2 5 0 3
100 D7 G7 C
#4 2 0 6 5 - 5 0 0 5 3 0
104 C
0 3 4 5 3 0 3 0 1 - 5 3 0 0 3 4 3
109 G7 F C
5 0 5 0 4 - 4 2 0 0 6 7 6 1 5 0
114 C Dm G7 C
0 5 4 3 2 6 0 1 7 5 0 5 1 - 1 0 1 1 1 1

공동경비 구역 주제곡

조영욱 작곡

부치지 않은 편지 JSA

Moderato

(하모니카 연주)

풀 잎 은 쓰 러 져 도 하 늘 을 보 고 꽃 피 기 는 쉬 워 도

아 름 답 고 어 려 워 라

시 대 의 새 벽 길

홀 로 걷 다 가 사 랑 과 죽 음 이 자 유 를 만 나 언 감 바 람 속 으 로

무 덤 도 없 이 세 찬 눈 보 라 속 으 로 노 래 도 없 이 꽃 잎 처 럼 홀

러 흘 러 그 대 - 잘 가 라 그 대 눈 물 이 제 곧

강 물 되 리 니   그 대 사 랑 이 제 곧 노 래 되 리 니
산 을 입 에 물 - 고 나 는   눈 물 의 작 - 은 새 여 ♭ 뒤
돌 아 보 지 말 - 고   그 대 - 잘 가 라
그 대 ♭ 잘 가
라   그 대 ♭ 잘 가
라

공동경비구역 주제곡

조영욱 작곡

이등병의 편지 JSA

147

암살 주제곡
트로이메라이
R. Schumann 작곡
Moderato

5 1 - 1 7 1 3 5 1 1 - 7 6 5 1 2 3 4 6 1 2
3 5 2 - 5 1 - 1 7 1 3 5 3 3. 2 1 7
1 3 6 1 7. #6 6 7 5. 5 1 - 1 7 1 3
5 #6 #6 - ♮6 5 4 6 2 3 4. 3 2 6 6 0 1
4 - 4 3 4 6 1 4 4 - 3 2 1 3 6 7 1. 7
6. 3 3 2 1 - 1 7 1 3 5 1 1 - 7 6
5 1 2 3 4 6 1 2 3 5 2 - 5 1 - 1 7 1 3
5 3 3. 2 1 6 5 1 2 3 4 6 2 3 4 6 6 7 1 -

148 첨밀밀 주제곡
첨밀밀

미 - - - 스 - 니 - - 스 - 니 - - 멍
지엔 더 지우 스 니 짜이 나 리 짜이 나 리지엔 궈
니 니 더 샤오 룽 저 양 쇼우 - 시 워 이 스 샹 부
치 - - - - - 아 짜이 멍 - 리 -
D.S

겨울연가 주제곡
F. Lai 작곡

하얀 연인들

Waltz

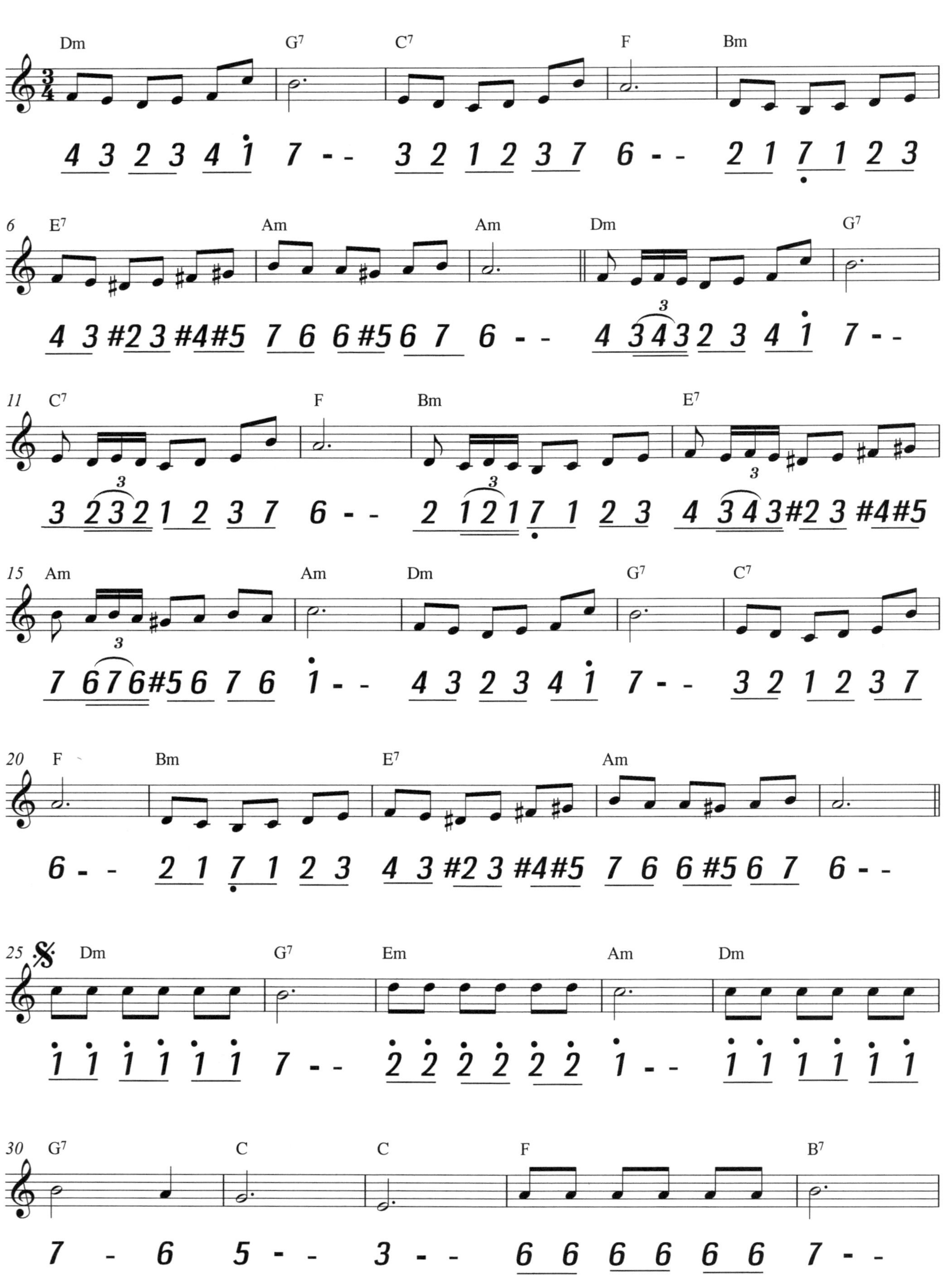

35 Em   E♭   Dm   Dm   E⁷   E⁷   4/4
7 7 7 7 7 7   5 - -   6 6 6 6 6 6   4 - 5   3 - -   3 - -

41 Dm   G⁷   C⁷   F   Bm   4/4
4.   3 2 3 4 i 7 - - -   3.   2 1 2 3 7 6 - - -   2.   1 7 1 2 3

46 E⁷   Am   Am   Dm   G⁷
4.   3 #23 #4#5 7.   6 #56 7 6   i - - -   4.   3 2 3 4 i 7 - - -

51 C⁷   F   Bm   E⁷
3.   2 1 2 3 7   6 - - -   2.   1 7 1 2 3   4.   3 #23 #4#5

55 Am   Am   Dm   G⁷   C⁷   F   Bm   3/4
D.S
7.   6 6#567   6 - - -   4 3 2 3 4 i 7 - -   3 2 1 2 3 7   6 - -   2 1 7 1 2 3

62 E⁷   Am   Am   Dm   G⁷   C⁷
4 3#23#4#5 7 6#56 7 6   i - -   4 3 2 3 4 i 7 - -   3 2 1 2 3 7

68 F   Bm   E⁷   Am   Am
6 - -   2 1 7 1 2 3   4 3 #23 #4#5 7 6   6 #56 7   6 - -

J. Brahms 작곡

헝거리 무곡 제5번

Allegro

시네마 천국 (Love Theme)

Ennino Morricone 작곡

Harmonica Masterpiece Series vol.04

Movie OST Repertoire

영화음악 편

초판 발행일 2024년 11월 20일

편저 정옥선
사보 정옥선
발행인 최우진
편집·디자인 편집부

발행처 그래서음악(somusic)
출판등록 2020년 6월 11일 제 2020-000060호
주소 (본사) 경기도 성남시 분당구 정자일로 177
      (연구소) 서울시 서초구 방배4동 1426
전화 031-623-5231 **팩스** 031-990-6970
이메일 book@somusic.co.kr

ISBN 979-11-93978-34-4 14670
      979-11-93978-39-9 14670(세트)